创业文案撰写

主　编　徐　蕉
副主编　张　颖
参　编　刘　雯　康敏娜　王晓梅

北京理工大学出版社
BEIJING INSTITUTE OF TECHNOLOGY PRESS

图书在版编目（CIP）数据

创业文案撰写／徐蕉主编. -- 北京：北京理工大
学出版社，2025.1.
ISBN 978-7-5763-4784-5

Ⅰ. H152.3

中国国家版本馆 CIP 数据核字第 2025SG6679 号

责任编辑： 陈莉华　　　**文案编辑：** 李海燕
责任校对： 周瑞红　　　**责任印制：** 施胜娟

出版发行 ／ 北京理工大学出版社有限责任公司
社　　址 ／ 北京市丰台区四合庄路 6 号
邮　　编 ／ 100070
电　　话 ／ (010) 68914026（教材售后服务热线）
　　　　　　　(010) 63726648（课件资源服务热线）
网　　址 ／ http://www.bitpress.com.cn

版 印 次 ／ 2025 年 1 月第 1 版第 1 次印刷
印　　刷 ／ 河北盛世彩捷印刷有限公司
开　　本 ／ 787 mm×1092 mm　1/16
印　　张 ／ 11
字　　数 ／ 256 千字
定　　价 ／ 65.00 元

图书出现印装质量问题，请拨打售后服务热线，负责调换

前　言

自党的二十大胜利召开以来，在中国这片古老而又充满活力的土地上，创新创业的浪潮以前所未有的热情涌动着。在政策红利与市场需求的双重驱动下，国内创新创业的积极性被全面激发，无数创意与智慧如繁星般璀璨，照亮了产业升级与经济转型的道路。

在创新创业的征途中，创意与想法是种子，而叙事的力量是滋养其茁壮成长的阳光雨露。基于这样的时代背景与需求，本书以习近平新时代中国特色社会主义思想为指导，深入贯彻落实党的二十大精神，结合创新创业的应用场景，从创业实战角度出发编撰本书。

本书第一模块概括了商业计划书的写作技巧与策略。优秀的商业计划书是帮助企业明确中长期目标，吸引潜在投资者兴趣、增加企业获得资金支持可能性的重要工具。通过撰写商业计划书，能够明确企业的战略布局，突出企业的核心竞争力，展现企业的社会价值和发展潜力，帮助企业在激烈的市场竞争中把握机遇，实现可持续发展，为构建现代化经济体系和推动经济高质量发展贡献力量。

本书第二、三模块概括了企业宣传资料的编撰技巧与策略。企业宣传品及宣传册都是企业对外最直接、最形象、最有效的宣传手段。通过撰写宣传资料，企业能够充分展示自身在文化传承和创新发展方面的努力，能够有效增强市场竞争力和内部凝聚力，提升企业的文化软实力，增强国内外客户和合作伙伴的文化认同感，构建文化自信。

本书第四、五、六模块概括了广告文案的撰写技巧与策略。广告文案不仅是传递产品或服务信息的工具，更是塑造品牌独特性格、价值观和愿景的重要载体。通过精心设计的广告文案，能够传递产品或服务信息，塑造出品牌的独特性格、价值观和愿景；通过数据驱动的文案，精准定位市场与人群，预见并引导消费趋势；通过富有感染力和共鸣力的文案，建立起与消费者之间的情感联系，增强用户的忠诚度和黏性；通过跨平台、跨媒介的多样化的表达，让文案在信息爆炸的时代触达更广泛的受众群体，实现营销效果的最大化。

本书第七模块概括了专利申请文件的写作技巧与策略。二十大报告指出，要加强知识产权保护，营造市场化、法治化、国际化一流营商环境。申请专利是保护知识产权的重要手段。通过撰写专利申请文件，能够帮助企业构建技术壁垒，保护创新成果，激励持续研发，从而推动技术进步，实现高质量发展。

本书第八模块概括了投标书的编写技巧与策略。企业标书不仅是企业参与市场竞争、展示自身实力的重要工具，也是促进技术转化和产业化的有效途径。通过精心准备的标书，企业能够展示其在技术研发、创新应用等方面的成果，并通过中标参与到国家重大项目和基础设施建设中，增强产业链及供应链的自主可控能力，保障经济安全，实现科技自立自强。

相信通过学习以上不同载体的写作与应用，创业者定能更好地与时代接轨，传递创业理念，提升项目竞争力，推动国家经济的高质量发展，实现个人价值与社会价值的统一。当然因为自身能力的有限，本书也存在许多不足之处，请各位批评指正！

编　者

目 录

撰写商业计划书

案例导入

2024 年 8 月 9 日，彭博亿万富翁指数显示，44 岁的黄峥已登顶中国首富。他以 486 亿美元的身家反超从 2021 年 4 月以来一直占据榜首的中国瓶装水之王钟睒睒，也是打破钟睒睒 3 年垄断，这一变化不仅反映了中国富豪榜的激烈竞争，更凸显了互联网经济在中国快速发展的态势。今年 5 月中旬，拼多多发布的财报显示，公司在该季度实现了营收 868.1 亿元人民币，较去年同期大增 130.66%，净利润更是达到了 280 亿元，同比增长约 246%。这些财务数据一度推动拼多多市值增长至 2 188 亿美元。

黄峥的崛起标志着中国经济正在经历一场由互联网驱动的变革。作为拼多多的创始人，黄峥凭借独特的社交电商模式，在短短几年内将公司打造成为中国电商巨头之一。拼多多的成功不仅挑战了阿里巴巴和京东等传统电商巨头，也展示了互联网经济在中国的巨大潜力。

相比之下，此前的中国首富钟睒睒所代表的是传统制造业的成功典范。作为农夫山泉的创始人，钟睒睒通过精准的市场定位和品牌策略，将一家地方性的饮用水公司发展成为全国性的饮料巨头。然而，在互联网经济的冲击下，即便是像农夫山泉这样的传统行业龙头，也面临着新的挑战和机遇。

拼多多的成功模式展示了如何通过技术创新和商业模式创新，在激烈的市场竞争中脱颖而出。这种成功不仅为中国的创业者提供了新的思路，也为传统企业的数字化转型提供了借鉴。与此同时，钟睒睒所代表的传统产业也在不断创新，通过品牌建设和市场拓展，保持着强劲的竞争力。

中国首富的更迭不仅仅是个人财富的比拼，更是中国经济活力的一种体现。随着中国经济的不断发展和变革，未来的中国首富榜单或许会出现更多新面孔。但无论是谁登顶中国首富的宝座，都将继续见证和推动中国经济的繁荣与进步。在这个充满机遇与挑战的时代，中国企业家们正以其创新精神和企业家精神，书写着属于中国的财富传奇。

在创业过程中，相信拼多多的创始人黄铮写过好多份商业计划书，才能赢得段永平、丁磊、顺丰王卫这样一帮大佬的支持，最终助力拼多多打开新的电商格局。对于创业者来说，商业计划书是开启风险投资人对企业投资的钥匙。一份内容全面、通俗易懂的商业计划书，可以让投资人认识创业企业，并作出最终的投资决定。

案例来源：https://news.sina.com.cn/c/2024-08-09/doc-inchzpnk5801681.shtml

【思考】

1. 每一个创业企业都需要一份完备的商业计划书吗？
2. 商业计划书包含哪些要素？

学习目标

知识目标

1. 理解商业计划书的内涵
2. 掌握商业计划书撰写的主要内容
3. 掌握商业计划书各模块的撰写技巧

能力目标

1. 能够借鉴与模仿优秀商业计划书的撰写思路
2. 能够撰写 Word 版商业计划书

素质目标

1. 具备更敏锐的商业敏感度
2. 实现素养发展中的守正创新
3. 适应新时代的创新需求

单元思维导图

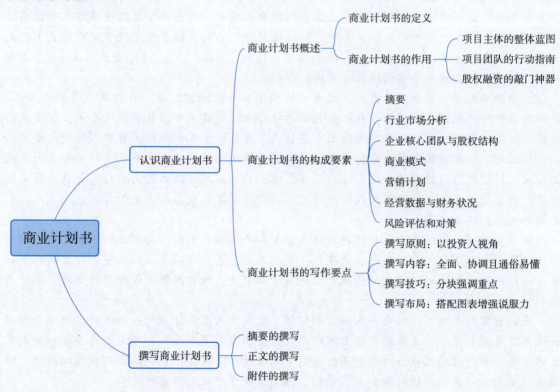

单元一　认识商业计划书

在商业时代，商业计划书的重要性不言而喻，没有商业计划书，企业就无法融资，也就无法实现发展的根本目标。

商业计划书是书面材料，是企业向投资人或交易对象对未来的发展作出的规划与设想，核心内容主要围绕功能或项目进行。商业计划书的提供方通常是各种不同类型的企业，受众方则是合作伙伴或潜在投资者。企业商业计划书写得好，就可以成功拿到融资，争取到优秀的合作伙伴并肩同行，作出一份完整的商业计划书对于企业的进一步发展是非常关键的。

商业计划书呈现的是一个完整的项目计划。它有着固定的构成模块和内容，涵盖的内容非常广泛，几乎涵盖了投资人所有感兴趣的内容，以便其对企业作出评判，从而决定是否将资金投入到该项目中。

一、商业计划书概述

（一）商业计划书的定义

商业计划书（Business Plan，简称"BP"）是公司、企业或者其他营利性组织为了融资或其他发展目标，在对项目进行科学、详尽地调研、分析、搜集与整理有关资料的基础上，根据约定俗成的格式和要求，对自身及所处环境进行全方位分析和评估，向受众全面展示项目状况、未来发展潜力的书面材料。商业计划书的起草与创业本身一样是一个复杂的系统工程，不但要对行业、市场进行充分的研究，而且还要有很好的文字功底。对于一个发展中的企业，专业的商业计划书既是寻找投资的必备材料，也是企业对自身的现状及未来发展战略全面思索和重新定位的过程。

（二）商业计划书的作用

初创公司相比大公司而言，企业项目在运作过程中往往需要大量的资金投入，企业无法独立完成时，就需要招商引资，更需要一份优秀商业计划书来吸引投资者，通常来说，投资者一定会把钱投在一个有投资前景的项目上，而这种前景就需要企业通过商业计划书来为投资者呈现。商业计划书针对项目主体、项目团队和投资机构等不同对象，分别具有不同作用。

1. 项目主体的整体蓝图

商业计划书要求内容丰富完备，涵盖企业发展历程、目前发展状况及未来发展计划等内容，具体包括项目主体的技术、产品或服务、行业分析和市场分析、竞争对手分析、团队与股权结构、经营分析和财务状况、中长期发展规划等内容；主要用于融资的商业计划书还包括融资计划、资金使用方案和投资人的退出机制等内容。

由于商业计划书的内容极为丰富，既回溯过往，也分析现状，还展望未来，这就要求创业团队在编制商业计划书时，要广泛收集资料、数据、案例及其他相关信息，并与目标项目进行结合和分析。通过编制商业计划书过程中的系统化梳理，创业团队可厘清项目主体的商业模式，挖掘项目主体的关键要素，编制出项目主体的整体蓝图。

2. 项目团队的行动指南

商业计划书不但内容丰富完备，在行文上还要具有逻辑递进关系。一份合格的商业计划书不但对商业计划进行重点描绘，还会有步骤地安排项目执行方案，包括具体事项的进度、关键节点和所需资源。从这个意义上讲，商业计划书也是项目团队的行动指南。但是，该份行动指南并非一经制定就一成不变，而要适应情势变更并适时优化。创业团队在执行项目的过程中遇到问题，应该及时回顾原来的商业计划书，根据实际情况进行修正和调整，以使商业计划书适应变化，持续具有可操作性和可执行性。

3. 股权融资的敲门神器

专业风险投资机构基本都有接收创业项目商业计划书的网页入口或公开邮箱，他们对创业项目进行评审的首要依据就是收到的商业计划书，依此形成他们对创业项目的第一印象和基本判断。一些创业者希望借助于口述商业模式或者提供专利证书等凭证打动投资机构，但仅凭这些不太可能获得投资机构的青睐，因为创业是一件系统而长期的事情。此时，一份精心编制、格式规范、版面整洁、内容清晰的商业计划书，将成为敲门神器。投资机构通过审阅商业计划书的内容，可以初步了解创业项目的大致全貌；通过了解商业计划书的编制方式，也可以初步了解创业团队的研究方法、基本学识和为人处事的方式与态度。如果投资机构对创业项目和创业团队都予以肯定，那么下一步就会约见创业团队，以商业计划书为基础依据，进一步有针对性地了解创业项目和创业团队。

二、商业计划书的构成要素

商业计划书是商业计划的核心文件，它是一份清晰、详细、可行的文件，旨在分析一个创业想法的可行性和商业潜力。通常，任何希望获得融资或合作伙伴的初创企业都需要提交商业计划书。该文件不仅可以帮助公司明确自己的目标和战略方向，而且可以帮助投资者和其他合作伙伴了解公司的实力和市场潜力。一份计划书通常由以下几种要素构成：

（一）摘要

如果说商业计划书是敲开风险投资公司大门的敲门砖，是通向融资之路的铺路石的话，计划书的摘要可以被看作是点燃风险投资者对其投资意向的火种，是吸引风险投资者进一步阅读商业计划书全文的灯塔，它浓缩商业计划书之精华，反映商业计划书之全貌，是全部计划书的核心之所在，如图 1-1-1 所示。摘要部分要提到公司的业务模式、行业概述、定位、

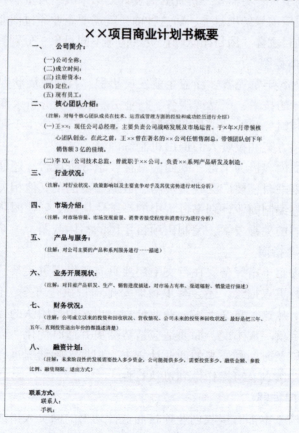

图 1-1-1 商业计划书摘要内容参考图

目标市场及市场规模，以及公司的优势、劣势和盈利模式等方面。从商业计划书的摘要中，风险投资公司可以获得对该公司的初步印象，即可以看出企业为获取风险资金是否作出了充分的准备。摘要应当叙述清晰流畅。

（二）行业市场分析

商业计划书的行业和市场分析包括行业分析及具体的市场分析两部分。行业分析是指根据经济学原理，综合应用统计学、计量经济学等分析工具对行业经济的运行状况、产品生产、销售、消费、技术、行业竞争力、市场竞争格局、行业政策等行业要素进行深入的分析，从而发现行业运行的内在经济规律，进而进一步预测未来行业发展的趋势。市场分析是对市场供需变化的各种因素及其动态、趋势的分析，其主要目的是为创业企业生产经营提供决策依据。图 1-1-2 所示为某教育公司市场分析。

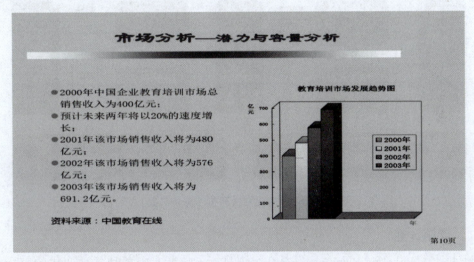

图 1-1-2　某教育公司市场分析

（三）企业核心团队与股权结构

核心团队是商业计划书两个核心的基础要素。总体而言，一名知识全面、综合能力强、有过成功经验的领导者，搭配数名专业化程度高、执行力强的核心人员所组成的团队，比较容易吸引投资人。核心团队情况内容涉及人员的姓名、职务、工作情况、联系方式等，如有需要，也可以体现出人员的部门、职责等信息。

股权结构是公司管理框架的基础，主要包括四方面的内容：一是创始人的股权比例，二是核心团队的持股情况，三是预留的股权激励的情况，四是外部投资机构的情况。在实操中，由于股权结构并非完全确定，比如融资完成后工商变更登记尚未完成，或者正在实施的股权激励即将变更，股权结构与通过公开信息查询到的结构也许不一样，也有创业企业为了避免麻烦，可能不会在商业计划书里展示。

（四）商业模式

商业模式是管理学领域的重要研究对象之一。商业模式作为一个名词在 20 世纪 50 年代被提出，直到 20 世纪 90 年代才开始被广泛应用和传播。进入 21 世纪后，随着"大众创业，万众创新"的高涨和新技术对商业的深度渗透，商业模式出现的频率越来越高，商业模式成为创业者和风险投资者经常接触的一个名词。几乎每一个人都确信，有了一个好的商业模式，创业成功就有了一半的保证。那么，到底什么是商业模式？

商业模式的本质是企业围绕客户价值而开展的各项价值活动的总称，是企业各种战略运用的结合体和组合表现形态，它关注的是如何通过有效的战略组合进行价值创新和系统运营，从而构建企业的核心竞争力。为了实现客户价值的最大化，把能使企业运行的内外各要素整合起来，形成一个完整的、高效率的、具有独特核心竞争力的运行系统，并通过最优实现形式满足客户需求，实现客户价值，同时使系统达成持续盈利目标的整体解决方案。简而言之，商业模式就在分析企业用产品或服务赚钱的内在逻辑。商业模式画布（分析工具）如图 1-1-3 所示。

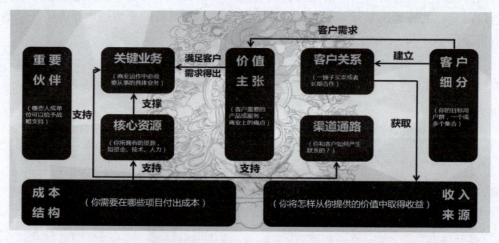

图 1-1-3　商业模式画布（分析工具）

（五）营销计划

营销计划（Marketing Planning）是在组织目标、技能、资源和各种变化的市场机会之间建立与保持一种可行的适应性管理过程。营销计划涉及的是营销战略和策略，每个业务、产品和品牌都需要详尽的营销计划，是衔接企业产品与客户的纽带，商业计划书中应该有行之有效的营销方案，如产品策略、价格策略、渠道布局和促销手段等，以此告诉投资人，只要执行好营销计划，就能赚到钱。营销计划是企业的战术计划，营销战略对企业而言是"做正确的事"，而营销计划则是"正确地做事"。

在企业的实际经营过程中，营销计划往往碰到无法有效执行的情况，一种情况是营销战略不正确，营销计划只能是"雪上加霜"，加速企业的衰败；另一种情况则是营销计划无法贯彻落实，不能将营销战略转化为有效的战术。营销计划充分发挥作用的基础是正确的战略，一个完美的战略可以不必依靠完美的战术，而从另一个角度看，营销计划的正确执行可以创造完美的战术，而完美的战术则可以弥补战略的欠缺，还能在一定程度上转化为战略。

（六）经营数据与财务状况

商业计划书需要展示经营数据与财务数据，以便投资机构了解企业过去的经营成果与目前的财务状况。经营数据包括产品出货量、市场占有率、各产品单价、客户数量及分布、市场拓展客户等大量数据；财务状况一般从资产负债表、利润表和现金流量表三份财务报表中摘录和总结而成。但这些数据往往数据量大且过于复杂，不必将所有经营数据和财务状况一一列明，只需要将投资机构最关心的重点的问题阐述清楚，呈现过往发展的基本情况、增长情况和未来的发展趋势。

（七）风险评估和对策

无论是创业者还是投资人都明白一个道理：投资有风险，在投资前就要对创业项目的风险进行有效评估。创业风险是来自与创业活动有关因素的不确定性。在创业过程中，创业者要投入大量的人力、物力和财力，要引入和采用各种新的生产要素与市场资源，要建立或者对现有的组织结构、管理体制、业务流程、工作方法进行变革。这一过程中必然会遇到各种意想不到的情况和各种困难，从而有可能使结果偏离创业的预期目标，包括市场、技术、财务、管理、环境法律等方面的风险评估和相应的对策。

三、商业计划书的写作要点

商业计划书能够帮助公司更好地研究商业模式，建立正确的企业发展策略，并通过展示公司的商业规划，吸引投资者的关注，获取投资资金，实现公司的发展。同时，在编写商业计划书期间，还可以帮助管理层深入了解公司的优势与劣势，制定相应的管理策略，提高公司的管理水平，同时商业计划书是对他人展示企业发展前景和未来实力的有效工具。一份优秀的商业计划书对于新创企业成功的影响是非常大的。因此，撰写一份具有可行性的商业计划书显得尤为重要。但在实际撰写中，许多创业者却常常忽视了一些关键点和技巧，导致计划书难以被认真对待，因此商业计划书的编写需要慎重，关注细节，需要对商业计划书内容的写作与表现技巧进行分析与总结，逐步分析如何通过包装来突出文字的内容，从而吸引投资人的兴趣，获得投资人的认可。

每个行业的商业计划书、每个项目的商业计划书都是存在差异的。模板可以参考，但是不要套。对自己商业计划书的研究，应该比写作本身要花更多的时间、更充分地思考，学会多借鉴更多的其他项目的商业计划书。尽管展示公司和为客户提供的好处很重要，但在所引用的数据和研究中保持客观也很重要。比如展示市场研究和财务状况的好处和坏处，不遮掩，又有解决之道。让投资者知道，团队已经考虑过了每一种可能的意外情况。

（一）撰写原则：以投资人视角

在很多外行人的认知领域，投资就是在众多项目中进行选拔，选择最优的那个进行投资。但是怎样发现并且判断出一个项目是否适合投资，需要一个漫长的经验和阅历积累。创业者在撰写商业计划书时，需要了解投资人及其在投资资金的诉求和周期，不同类型的投资人有不同的诉求，比如从专业机构的 VC 来看，他们有各自重点的投资逻辑，有些投资者看重技术；有些投资者唯品牌论，认为客户对品牌的认可度是决定企业能否成功的重要因素；有些投资者只认可名校毕业生组建的专业团队所带的企业与项目等等。从个人天使投资者来看，可能他们看中技术、团队、市场占有量其中一项，或者仅凭自我感觉，相对会随意一些。从券商直投来看，他们只关注创业企业或项目上市的可能性。因此，创业者要深度分析投资者的基金诉求和个人投资习惯。

（二）撰写内容：全面、协调且通俗易懂

商业计划书的内容首先要具有全面性，而全面性主要是指多角度地围绕企业、团队和产品信息进行展示，满足投资者对信息的深度了解需求。为了达到最终被投资者接受和认可的效果，在商业计划书中所表现的全面的信息内容之间，主要通过多种信息关系来实现目标，

包括信息并列关系、信息统一关系、信息递进关系。

另外，投资人每天看到的商业计划书份数极其多，所以，当企业将商业计划书提交到投资人手中时，一定要让投资人看到通俗易懂的内容，切忌创业者根据自己的思路整理出独有的语言进行阐述，特别是有技术人员或研发者参与制定的一份商业计划书，他们习惯于使用大量专业术语进行阐述。避免使用特定行业的术语，除非完全不可避免，或者让投资者更容易明白，而不是延长沟通时间，并尽量使商业计划书尽可能容易理解、传播。

如图1-1-4所示为某商业计划书中的高山茶产品品牌Logo设计与释义，具体内容十分通俗易懂，投资者不需要再度深度研究或揣测创业者用意。

图1-1-4　某高山茶品牌Logo设计

同时，商业计划书整体内容应注重前后逻辑性，即次序安排合理得当、能够自圆其说，例如大概按照这个逻辑主线来撰写：WHAT（项目是什么？项目描述，包括公司概况、项目背景、产品或服务）——WHY（你为何选择该项目？行业及市场分析）——HOW（你如何做这个项目？研发、生产、营销、经营管理策略）——WHO（谁来做？你的管理团队介绍）——HOW MUCH（未来能达到什么财务目标？需要多少资金？如何分配你的资金？项目财务预测以及你的融资计划）。最后，要注重内容的协调性，即注意各部分内容之间的关联性，具体涉及前后内容的衔接、相同内容在不同结构部分中的篇幅安排，避免出现过多的重复、不同结构中侧重点不突出等问题。

（三）撰写技巧：分块强调重点

商业计划书的结构基本是固定的，通常包括公司或项目概要、项目背景、市场分析、团队或股权构成、商业模式、营销计划、融资需求、风险防范和退出机制等内容，但内容的巧妙布局可以让一份商业计划书更加出彩，只有内容完整、数据丰富、佐证翔实的商业计划书才能得到投资者的青睐，而投资者恰巧通过商业计划书中的商业前景、业务逻辑和模式、团队能力来预测该企业的盈利水平，影响投资意愿。所以一份重点突出、表达清晰的商业计划书尤其重要，主要从以下几点着手：

1. 重点突出，突出项目核心

商业计划书应当在最前面的板块揭示项目的核心内容，阐明产品或服务的特点、市场占有率、优势和缺点等。这一层次的描述很重要，因为它既概括了整个项目，又能引起投资者继续读下去的兴趣。并且在撰写时要包括企业或项目的核心竞争力，让投资者一眼就能够看到。比如核心团队包括业内知名人士，那这种团队背书就应放在前面。对于具有绝对技术优势的项目，开门见山的描述技能和实验数据是突出重点内容的好方法。

如果将商业计划书的全部要点进行均衡布局，繁复堆砌，事无巨细地表达出来，会让投资机构者抓不住重点，提不起兴趣而放弃。一份商业计划书的质量，不以内容多少为基础衡量标准，而是以是否突显出投资机构感兴趣的内容为基础衡量标准。突出重点集中体现在两页，分别是目录和项目概览。使用清晰、简洁的语言，避免使用过多专业术语。当商业计划书过于冗长，过于复杂时候，不太容易被阅读理解，被认可、转发的可能性不高。

2. 综合运用数据分析，开展市场调查

数据有很强的吸引力和冲击力，能体现文字无可替代的积极性。基于数据的特性，在涉及佐证文字描述内容时，能用数据说明的，绝对不要用文字。此为用数技巧的"最大原则"。同时，数据产生与文字不同的巨大力量的来源是其不可辩驳的客观真实性，因此在使用数据时，一定要关注数据的准确性和真实性。由此，必须关注数据来源。比如财务数据，必须来源于公司的财务报表；如是预测数据，则需要提前准备预测的数据模型等。

撰写商业计划书，创业者必须进行全面、准确的市场调查，了解行业相关的市场数据、趋势和竞争情况，需要更深入地探讨市场规模和增长率数据，而不是硬邦邦地描绘一个市场增长的图景，详尽地描述客户签订合同的行程、市场占有率、潜在客户、竞争对手等信息。一份具有翔实数据的商业计划书具有更强的说服力。此外，创业者还需要能够分析数据、制定收益估计和提出有效的营销策略。

3. 明确的资本需求

撰写商业计划书时，应清楚描述资本需求。创业者必须提供明确的资金流量分析和完整的财务预算。投资者将据此评估商业计划书，评估企业或项目的发展潜力。

4. 引人注目的摘要

商业计划书的开头要有引人注目的摘要，该概要通过阐述企业背景、使命、业务模式、市场、营销策略、商业模式、财务分析等内容，让投资者迅速抓住商业计划书的重点，这部分内容应该简洁地概述企业的总体目标。

（四）撰写布局：搭配图表增强说服力

相比于长篇大论的纯文字的单调形式，商业计划书用搭配图表的方式进行表达，更加生动有趣，可以将内容的重点突出，使阅读起来更加轻松，并且对相关数据、数量、内容的表达更加准确，不会出现歧义。但运用图表，也要遵循以下几大原则：

1. 注重逻辑

商业计划书中加入图片，可以让其图文并茂、视觉美观，直观、生动地展现内容。但该做法的目的，是为了让投资机构更为高效地获取有效信息。故而，图片的选择要与所表示的内容具有强相关性，如果存在时序、因果等关系，还要符合逻辑，符合正常思维逻辑和排版逻辑，切忌出现图文不符的情况。

2. 简洁直观

简洁和直观是使用图片的另一个技巧。如果图片的目的不是为了更为简单、更为直观地把商业计划书的内容呈现出来，那么就没有必要使用图片。图片的选择一定要足够清晰明了，分辨率要高，单张图片或组合图片的出现更要着重配合计划书的内容。

3. 相互融合

图片与文字、图片与表格或者图片、文字、表格进行融合，可以将复杂的内容简化，更清晰、更有效地处理和呈现烦琐复杂的内容。在商业计划书中，图表是传递信息的重要方式，不但可以包括大量信息，还因其直观性起到提纲挈领的作用，能够迅速抓住投资者的眼球，让投资者快速获取计划书这部分内容想强调的重点。

单元二　撰写商业计划书

商业计划书是一份企业发展的蓝图，可以帮助企业正确规划和定位发展方向，减少不必要的风险。它不是单纯的故事书或是报告，而是一个有操作性的路线图。但是，许多企业在撰写商业计划书时只是简单地列举企业的业务范围、目标和预期收益等内容，缺乏系统性和实践性，导致商业计划书的价值被低估。那么，如何进行有效的商业计划书撰写呢？一个好的商业计划书需要考虑到企业的目标受众、市场环境、商业模式、财务预算和风险防范措施等方面，以及使用简单明了的语言和清晰的结构。只有这样，商业计划书才能真正成为企业发展的有效工具，并为企业的未来发展提供有力支持。商业计划书是可以改变和优化的，应该随着投资者关注的点而作调整，公司和项目的发展带来的变化，也需要调整，直至达到目的前，都可以调整。

一、摘要的撰写

商业计划书的摘要部分是潜在投资者首先会看到的文字内容。在具体的商业计划书内容中，计划书的摘要往往列在最前面，是整个商业计划书的精华。为了确保商业计划书摘要的准确性，一般在撰写时将其作为商业计划书的最后环节来完成。

为了便于投资者快速地获得相关信息，商业计划书的摘要篇幅一般控制在 2 000 字左右，不要超过两页 A4 纸，不重复啰唆，突出重点，给出计划的核心，做到前后呼应。主要包括公司概述、研究开发、产品服务、团队情况、行业市场、营销策略、商业模式、财务状况、风险应对、退出机制等方面。

摘要存在的作用就是将整份商业计划书的重点信息展示给投资者，通常情况下，在撰写摘要内容时至少要回答表 1-2-1 所示的 11 个问题。

表 1-2-1　商业计划书摘要回答的问题

归类	具体问题
行业和市场	通过哪些渠道来获得市场份额并能占据的市场地位？
	产品或服务进入市场的规划是什么？
	项目所在的行业是否是新兴行业？行业竞争如何？

归类	具体问题
管理团队	行业和技术经验达到了本行业的什么水平？
	管理团队擅长或突出特色是什么？
	形成团队组合的原因和最终目标是什么？
产品和服务	产品的商业模式和营销计划是什么？
	产品的营销中可预见的瓶颈问题及解决方案是什么？
企业自身	企业自身在竞争中的优势和劣势是什么？
	企业的长期发展潜力来源于哪些方面？
	有哪些方法来确保企业能长期发展以及获得稳定的盈利率？

　　以最常见于初创企业所撰写的概括版摘要为例，通常这类商业计划书会对全部内容进行概括性总结，以此展示商业计划书的基本内容，如图 1-2-1 所示。

商业计划书摘要

说明：在两页纸内完成本摘要。

【摘要内容参考】

1. **公司基本情况**（公司名称、成立时间、注册地区、注册资本，主要股东、股份比例，主营业务，过去三年的销售收入、毛利润、纯利润，公司地点、电话、传真、联系人。）

2. **主要管理者情况**（姓名、性别、年龄、籍贯，学历/学位、毕业院校，政治面貌，行业从业年限，主要经历和经营业绩。）

3. **产品/服务描述**（产品/服务介绍，产品技术水平，产品的新颖性、先进性和独特性，产品的竞争优势。）

4. **研究与开发**（已有的技术成果及技术水平，研发队伍技术水平、竞争力及对外合作情况，已经投入的研发经费及今后投入计划，对研发人员的激励机制。）

5. **行业及市场**（行业历史与前景，市场规模及增长趋势，行业竞争对手及本公司竞争优势，未来 3 年市场销售预测。）

6. **营销策略**（在价格、促销、建立销售网络等各方面拟采取的策略及其可操作性和有效性，对销售人员的激励机制。）

7. **产品制造**（生产方式，生产设备，质量保证，成本控制。）

8. **管理**（机构设置，员工持股，劳动合同，知识产权管理，人事计划。）

9. **融资说明**（资金需求量、用途、使用计划，拟出让股份，投资者权利，退出方式。）

10. **财务预测**（前 3 年及未来 3 年或 5 年的销售收入、利润、资产回报率等。）

图 1-2-1　概括版摘要撰写内容

二、正文的撰写

商业计划书的正文，也就是除去摘要和附录的所有内容，撰写正文部分，不同模块有不同的特点，因此，必须从模块内容本身着手进行撰写。

（一）行业市场分析

企业所处的行业分析是风投关注的一个重要内容。比如，在未来几年经济发展的进程中，哪些行业有可能获得快速发展，而在这些行业中又将是拥有什么技术或产品的企业获得最大利益，都是风投所关注和思考的内容。所以，创业者在写商业计划书时，要做足充足的调查，在搜集信息后要对所在行业的发展前景进行客观的分析，然后把分析结果体现在商业计划书中。

其中，行业市场分析主要包括行业发展背景、未来前景、目标市场分析等方面。尤其是行业的市场情况往往成为众多商业计划书描述的重点内容，很多创业者会选择行业市场内容中的某一个重点内容，结合企业的实际情况进行分析和说明。

如图1-2-2所示，某自主研发生活消毒柜的商业计划书中的行业市场内容，围绕消毒柜市场零售量进行行业前景的分析。

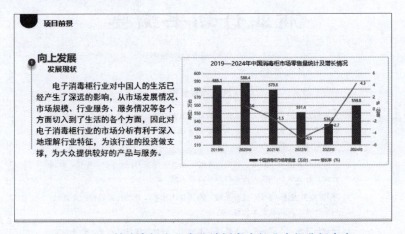

图1-2-2　某消毒柜企业商业计划书中行业市场分析内容

那么如何具体撰写行业和市场分析呢？需要从以下四点着手：

（1）明确产品或服务的目标市场及其分析的内容要点，运用PEST分析工具、SWOT分析工具、五力模型分析工具等进行分析。

（2）搜集充分的数据与信息。开展深入的市场调研活动，并撰写相关分析报告。例如行业发展现状及趋势相关数据报告、市场细分领域调研报告、项目可行性调研报告、竞争对手调研分析报告等。

（3）分析市场竞争现状。"知己知彼，百战不殆"，因此一定在行业与市场分析模块分析市场竞争对手的现状，论证提供企业产品和服务的时机是正确的。

（4）凸显对行业的见解。尽量避免大篇幅引用宏观市场数据，用具体或准确数据展示与企业产品相关的市场数据，进而阐释企业可以为消费者带来更高性价比的产品或服务。

（5）多用数字、图表展示，例如行业发展相关数据、细分市场潜在客户量数据、五力模型分析图、SWOT分析图、竞争对手比较分析表等。

（二）企业核心团队与股权结构

企业核心团队的构成如何，直接决定了投资者对企业的第一印象，对于投资者而言，团队人员的价值甚至会比商业计划书本身的价值还要高，因为人才始终是投资者最看重的，投资就是投人。在团队中，每个人的特色和作用都是不同的，因此在撰写核心团队构成中一定要突出团队个人对项目的价值及团队人才相互合作能够达到的团队目标。

关于核心团队的内容位置安排，其实也可以安排在"公司概况"模块中描述，但是为了吸引投资者，尤其是创业企业的核心团队非常优秀的话，更加有必要安排独立篇章予以重点描述，并设置在一级目录中突出展示。

商业计划书中对核心团队进行实际介绍时需要涉及的相关方面主要有个人介绍的教育背景、工作背景、知识与技能、业界影响力、创业态度及动机，以及对企业能做出的贡献等方面，并且有必要附上简历，以便于投资者深入了解核心团队成员。关于团队整体介绍，应该突出表达团队的组合力量（知识、技能组合，相互弥补）、核心团队的文化管理机制、团队历史业绩。撰写这部分内容时建议采用图文介绍模式，而不是内容过于烦琐的文字介绍，在对团队中的核心人物进行介绍时，可以采用逐个介绍的方式。通常情况下，初创企业中的关键人物不要超过 5 个，以便于投资人获取有效信息。图 1-2-3 所示为某家纺公司核心团队图文介绍。

图 1-2-3　某家纺公司核心团队图文介绍

此外，企业的股权结构也可以体现在这一部分中，要有清晰严谨的股权划分。创业公司成立初期，一般情况下都会采用股份制的形式，若公司股权的划分不合理，就难以发挥股东的主观能动性，导致在创业的过程中出现大的失误，使股东付出巨大代价。

（三）商业模式

商业模式是商业计划书中一个关键的组成部分。创业者需要清楚地表述自己的商业模式，包括产品或服务的特点、目标市场、盈利模式等。特别是对于一些新的、创新性的商业模式来说，需要清晰地表述与其他企业不同之处。撰写商业计划书中商业模式模块时，要梳理并回答三个问题：公司使用了哪些核心资源？公司的业务流程是怎样的？公司的付费客户是谁？图 1-2-4 所示为某商业计划书商业模式内容。

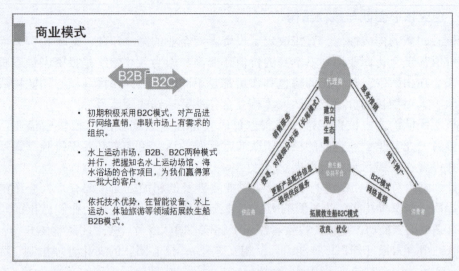

图1-2-4 某商业计划书商业模式内容

撰写或描述一个商业模式，可以很好地通过它所需要的九大模块来完成，这九大模块可以展示出一家公司或一个项目寻求利润的逻辑过程。这九大模块涵盖了一个商业体的四个主要部分：客户、产品或服务、基础设施以及金融能力。商业模式就像一幅战略蓝图，可以通过组织框架、组织流程及组织系统来实施。主要通过分析以下九大模块来设计商业模式：

客户细分构造块用来描绘一个企业想要接触和服务的不同人群和组织。客户是任何一个商业模式的核心，为了更好地满足客户，企业应按照他们的需求、行为及特征的不同，将客户分成不同的群组。这一点一旦决定，就要根据这些群体个性化需求的深度理解而设计商业模式。

价值主张构造块用来描绘为特定客户细分创造价值的系列产品和服务。价值主张又可以称为核心卖点，是你能提供给客户的一个特别的好处。这往往也是打动客户接受你而不是别人的关键点。它一定不是产品本身，甚至也不是产品的功能，而是产品背后的那个价值。价值主张是客户选择一家公司而放弃另一家的原因，它可以是创新性的，并带来一种新的或革命性的产品或服务，也可以是与既有的产品或服务相似，但增添了新的特点和属性。

渠道通路构造块用来描绘公司是如何沟通、接触客户细分而传递其价值主张。与客户的交流、分销和销售渠道构成了一个企业的客户交互体系。渠道通路在客户体验中扮演着重要角色的客户触点，它能使客户更加了解公司的产品和服务；帮助客户评估一家公司的价值主张；使客户得以购买某项产品和服务，向客户传递价值主张，向客户提供售后支持等作用。

客户关系构造块用来描绘公司与特定客户细分群体建立的关系类型。企业需要明确：对每一个客户群体欲建立何种关系类型。例如，在移动互联网发展的早期，运营商的客户关系就是被诸如免费移动电话这类进攻型的策略所驱动。当市场趋于饱和，运营商便聚焦于增加客户忠诚度和提升单位客户的平均收益。由商业模式决定的客户关系对整体的客户体验产生深刻的影响。

收入来源构造块用来描绘公司从每个客户群体中获取的现金收入（需要从创收中扣除成本）。每一个想要创业的创业者需要自问，每一个客户群体真正愿意为之买单的究竟是什么？成功地回答这一个问题可以使企业在每一个客户群体中获得一两个收益来源。每一个收益来源中可能包含不同的价格机制，比如固定目录价、议价、竞价、根据市场浮动的价格、根据购买数量浮动的价格，以及收益管理系统。

核心资源用来描绘让商业模式有效运转所必需的最重要因素。每个商业模式都需要核心资源，这些资源使企业组织能够创造和提供价值主张、接触市场、与客户细分群体建立关系并赚取收入。不同类型的商业模式需要不同的核心资源，例如一个手机芯片制造商需要的是资本密集型的生产设备，而微芯片的设计则更聚焦于人力资源。

关键业务构造模块用来描绘为了确保其商业模式可行，企业必须做的最重要的事情。正如核心资源一样，关键业务也是创造和提供价值主张、接触市场、维系客户关系并获取收入的基础。并且关键业务也因不同的商业模式类型而异。对于骁龙芯片而言，关键业务就是芯片研发与设计，对于个人电脑生产商小米而言，关键业务则包含了供应链管理，对于服装公司 ZARA 来说，关键业务包括了流行服装的提供。

重要合作构造模块用来描绘让商业模式有效运作所需的供应商与合作伙伴的网络。在描绘这一模块时，重要合作主要从四个类型中进行描述：非竞争者之间的联盟关系；合作：竞争者之间的战略合作；为新业务建立合资公司；为保证可靠的供应而建立的供应商和采购商关系。

成本结构构造块用来描绘运营一个商业模式所引发的所有成本。成本在确定关键资源、关键业务与重要合作后可以相对容易地计算出来。

图 1-2-5 所示为商业模式画布 9 大模块。

图 1-2-5　商业模式画布 9 大模块

（四）营销计划

撰写营销计划时，要包含营销目标、营销战略（4P：产品、价格、渠道、促销策略）、客户服务、营销管理、公共关系等内容，撰写之前有必要开展营销调研分析工作，例如细分市场分析与预测、消费者分析、竞争者分析、产品分析、价格分析、渠道分析、促销分析等，其中调研分析工作，可结合前文中"行业与市场分析"的需求进行，并从以下几个方面思考撰写逻辑：

（1）依据可靠信息资料。撰写时根据目前所掌握的最精准、最客观、最新的信息资料来制订营销计划，例如，刚刚获取的一手调研资料。

（2）聚焦顾客。思考营销计划是如何满足顾客需求的，是如何为顾客创造价值的，又是如何让顾客接受公司的产品或者提供的服务。

（3）突出策略组合。详细阐述公司的产品策略、价格策略、渠道策略与促销策略，并附上明确的执行进度表。

（4）阐明营销计划的灵活性。撰写时需要表明自己的方案并非一成不变，可以对它进行审核和调整，而且可能会因为环境的变化、竞争对手的变化需要及时调整方案，甚至是根本性的变化。营销策略虽然需要因地制宜，但也有一些通用的原则，比如注意市场定位，避免盲目扩张；注意企业形象的塑造，强化品牌；选择适当的销售渠道，提高销售效率；采用多种宣传手段，提高知名度。

图1-2-6所示为某商业计划书营销计划（部分）。

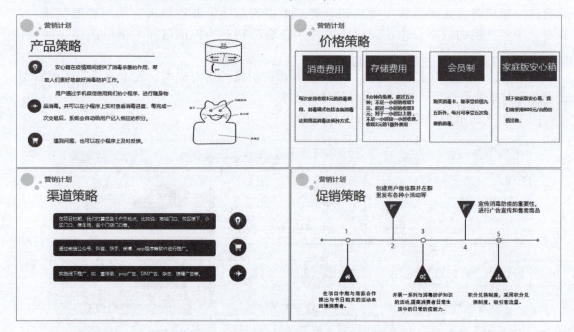

图1-2-6　某商业计划书营销计划（部分）

（五）经营数据与财务状况

为了达到商业计划书力求简洁的要求，创业者不需要把企业过往的运营数据一一罗列出来，主要需要向投资者陈述清楚三个方向的运营数据即可，即公司过去的发展情况、商业模式和增长策略是否有效以及企业未来的发展趋势，并且撰写企业的历史经营数据时要突出经营成果，并进行短、中、长期的财务预测与投资分析，关于盈亏平衡点分析、融资计划等内容根据企业的规划会有所不同，这一模块的撰写要注意以下几点：

（1）罗列所有假设，同时要注明数据的来源。所有有关市场、竞争对手和客户的信息都应参考权威和相关的数据出处，最好写上他们的名称，如果属于自己团队研究的，也要写上逻辑推导过程。例如：该数据是来自于经济预测、行业统计，还是根据自己的理性判断。

（2）进行详细的结论性财务分析说明。包括假设的条件、损益预估、现金流预估、资产负债预测、盈亏平衡分析、资产价值分析、资产折现力规划、融资需求、投资回报说明（融资说明也可以单独设立章节描述）等方面内容，其中以损益预估为重点。同时，应该给出未来 3~5 年的财务数据预测（可以用图表在附件中呈现）。

（3）数据一致。注意整个商业计划书中数据的一致性，例如战略目标与规划、营销计划中涉及的财务目标数据，应与财务计划中相关数据保持一致；同时也要注意附件中不同类别财务数据表格中相同项目数据的一致性。

图 1-2-7 所示为某商业计划书财务分析内容（部分）。

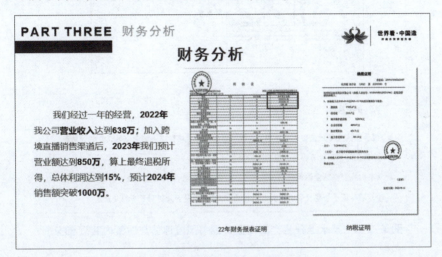

图 1-2-7　某商业计划书财务分析内容（部分）

（六）风险评估和对策

撰写风险评估与对策模块，可以参照以下逻辑：

（1）如实地描述企业可能存在的风险以及风险控制策略，建立投资者对企业发展的信心；要让投资者感觉到企业所面临的机遇以及稳定获取高额投资回报的概率，远远大于企业风险系数。

（2）企业的风险描述，最好是选择可控的风险内容，除非是众所周知无法控制的风险内容。

（3）风险通常是与机遇并存的，因此，在描述风险的同时，也有必要描述项目将迎来的良好发展机遇，例如行业与市场增长空间、有利政策等。

一般来说，商业计划书主要介绍的风险包括政策风险、技术风险、市场风险、管理风险和财务风险。

政策风险侧重研究点为社会环境、政策法规等的变化。比如，政策原因群众对产品出现抵制；政府出台限制性政策等。

技术风险往往针对的是某个具体的项目或产品，比如，将某一新技术应用于产品的研发，最终的产品与预期之间是否存在偏差？

市场风险几乎是所有公司都需要考虑的风险之一。比如，市场是否能够接受产品？

　　管理风险可以着重从运营规划、公司团队和管理组织这3个方面进行说明。运营规划：比如，战略方针是否偏离路线？未来的运营策略是否过激？公司团队：比如，员工利益、人员流动性？管理组织：公司的领导者自身素质高低？组织凝聚力？

　　财务风险可以从前中后三个角度来说，即前期能否获得足够的资金？资金投入后还有没有其他财务隐患？后续资金持续性能否得到解决？

　　图1-2-8所示为某水上救生产品商业计划书风险评估与对策内容（部分）。

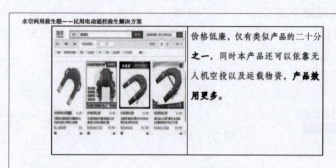

图1-2-8　某水上救生产品商业计划书风险评估与对策内容（部分）

三、附件的撰写

　　附件放在正文之后，撰写附件的主要目的是列出附件分类标题或者重要附件的标题，其内容取决于商业计划书的需要，正文不宜和不方便排版的内容也可安排在此模块，此模块可单独成册装订，如表格、图示等。不要害怕有大量的附录列表，包括市场调研的数据分析、团队成员的简历、客户数据分析、产品案例分析、场景模拟数据等。可以作为BP的附件，以此彰显所作的功课。下列内容应在考虑范围：

可行性分析梗概（包括顾客对产品或服务的反应情况）；

营业执照、组织机构代码证、验资报告、审计报告等企业基本资料；

支持性产业研究；

管理团队成员简历；

与机构有关资质资料（如企业的设备、厂房土地、技术产权等权属证明资料）；

与生产、技术、服务相关的技术资料；

与市场营销相关的资料；

与财务相关的信息、各种表格；

有关的专利、商标、版权的复印件；

影响本业务的有关法律、法规文件复印件；

专业术语说明；

获得的高新技术企业证书或各项资质证书、团队个人荣誉证书、企业获得的各项政府/专项资助证明等。

在撰写时，要注意做到以下几点：

（1）重要的内容要靠前放置，突出重点。比如文化创意类商业计划书主要突出校企合作成果以及社会效果展示；具有技术含量的科技型商业计划书主要突出知识产权，实际落地的说明情况等。

（2）有必要对附录内容进行分类，切忌随意"堆放"，例如财务数据分析表的集中体现、公司介绍相关内容的集中展示。

（3）尽量使用图表，让投资者轻松、快速掌握相关信息，切忌长篇大论，否则只会让投资者觉得拖沓冗长，也没有时间顾及太多文字描述内容。

（4）不要过多地将主文中的内容在附件中重复出现，除非是个别特别重要强调的内容，可以考虑在主文中呈现或者进行精简后予以呈现。

图1-2-9所示为某家纺公司商业计划书附件内容。

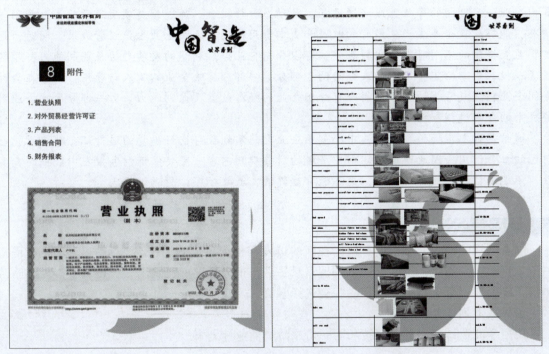

图1-2-9　某家纺公司商业计划书附件内容

拓展学习

财务规划的内容及数据真实性

一份商业计划书概括地提出了在筹资过程中风险企业家需做的事情，而财务规划则是对商业计划书的支援和说明。因此，一份好的财务规划对评估风险企业所需的资金数量，提高风险企业取得资金的可能性是十分关键的。如果财务规划准备的不好，会给投资者以企业管理人员缺乏经验的印象，降低风险企业的评估价值，同时也会增加企业的经营风险，那么如何制订好财务规划呢？财务规划涉及较多的数据，因此需要花费较多的精力来作具体分析，其中就包括现金流量表，资产负债表以及损益表的制备。

（1）现金流量表直接体现企业筹措现金的能力，具体包括三个方面：经营活动、投资活动、融资活动的现金流量。例如：经营业务和融资业务，都可以参考前面那几张表的数据，这里的融资活动需要确认一下，未来几年是否有投资款项入账，这个因公司而异。流动资金是企业的生命线，因此企业在初创或扩张时，对流动资金需要有预先周详的计划和进行过程中的严格控制。

（2）资产负债表则反映在某一时刻的企业状况，投资者可以用资产负债表中的资料得到的比率指标来衡量企业的经营状况以及可能的投资回报率。不同行业的不同公司，由于其商业模式和资本结构的不同，其资产负债表的内容也有很大的不同，表中所包含的会计科目也不尽相同。因此，在制定财务报表之前，首先要对公司的商业模式至少要有个大致的理解。任何时刻，资产负债表中的恒等式总是成立的，即总资产＝总负债＋股东权益或者股东权益＝总资产－总负债。

（3）损益表把一定期间的营业收入与其同一会计期间相关的营业费用进行配比，以计算出企业一定期间的净收益或者净亏损，是动态会计报表。通过损益表反映的收入、费用等情况，能够反映企业生产、经营的收益和成本费用情况，表明企业生产经营成果。同时，通过损益表提供的不同时期的比较数字，可以分析企业今后利润的发展趋势及获利能力，了解投资人投入资本的完整性。该表分为两个部分，一部分反映企业的收入与费用，说明在会计期间企业利润或亏损的数额，据此可分析企业的经济效益及盈利能力。另一部分反映企业财务成果的分配过程和结果。

诚信是资本市场的生命线，中小创业企业要想拿到获得良好投资的通行证，就要维护好自己的社会信用，因此商业计划书中呈现的财务规划内容一定要保证财务报表中数据的真实性，不能用估计数代替实际数，更不能弄虚作假，篡改数字，隐瞒谎报。

任务实训

随着疫情的控制，旅游业有望出现新的爆发。根据各大旅游平台公布的2023年旅程相关搜索量数据，酒店、机票等关键词搜索量暴涨，很大程度上反映出大家压抑了许久的旅游热情正在释放，很多旅游企业和品牌会选择融资。

请完成下列任务：

用所学商业计划书的撰写技巧写一份旅游类商业计划书。

创新创业案例

编写企业宣传册

案例导入

在一个充满活力的商业街区，有一家名为"智士"的初创企业。这家企业由一群充满激情的年轻创业者组成，他们致力于开发一系列创新的智能产品。然而，尽管他们的产品具有革命性的特点，但在推广初期，他们面临着一个普遍的挑战：如何在有限的时间内有效地向潜在客户介绍自己的公司和产品。

"智士"的团队成员们意识到，他们需要一种快速而有效的方式来展示公司的核心价值和产品亮点。他们决定制作一份企业宣传折页，这份折页不仅需要简洁明了地传达信息，还要足够吸引人，以便在短暂的交流中给潜在客户留下深刻印象。

在设计这份折页时，团队成员们精心挑选了公司最引以为傲的几项产品，并用精练的语言描述了它们的独特卖点。他们还添加了公司的愿景、使命以及一些客户评价，以增强信任感。折页的视觉设计也十分讲究，使用了公司的标志性色彩和图形，确保在视觉上也能够吸引目标受众。

终于，这份精心制作的宣传折页成为"智士"团队的得力助手。在各种商业活动和网络交流中，他们能够迅速地向人们展示这份折页，从而在短时间内有效地传达公司的核心信息。这不仅提高了他们与潜在客户的互动效率，也帮助他们在竞争激烈的市场中脱颖而出。通过这份折页，初创企业"智士"成功地克服了时间限制的障碍，有效地推广了自己。这份折页成为他们与外界沟通的桥梁，不仅节省了时间，还提升了企业的形象和品牌认知度。

【思考】

1. 谈谈你印象中的企业宣传册？
2. 你认为企业宣传册中该有哪些核心信息？

学习目标

知识目标

1. 了解宣传册的基本结构和设计原理
2. 掌握企业宣传册的内容构成
3. 掌握企业宣传册的编写要点

能力目标

1. 能够进行有效的信息架构和内容布局
2. 能够独立完成服务企业营销战略的宣传册编写

3. 能够评估宣传册的市场效果并提出改进建议
素质目标
1. 培养创新思维和解决问题的能力
2. 培养团队合作精神和跨部门沟通能力

单元思维导图

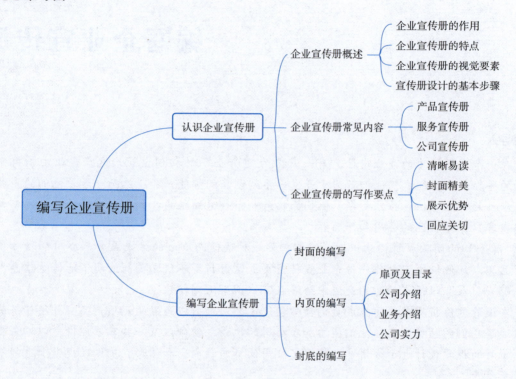

单元一 认识企业宣传册

人类社会很早以前就开始使用宣传材料了。根据纽约市"雷普利信不信由你博物馆"的信息，人类最早的宣传册是四百多年前征服美洲的西班牙航海家科尔特斯创作而成的，当时查理五世将这份宣传册发送给西班牙人民，发现宣传册里头除了介绍美洲外还顺便推销了产自美洲的火鸡。时至今日，为了扩大宣传，很少有厂商做生意时能够不印半张广告单给顾客或销售对象，旅行社、超市、百货公司、制造商、顾问公司、保险公司、大学等各行各业，都不约而同地开始借助宣传册、传单或其他广告印刷品来扩大自身影响力、搭建沟通桥梁，企业宣传册更是在现代企业的商务流程中发挥了重要作用，成为宣传必备物料之一。

今天传统纸质宣传册会受限于物理形式，不少公司会同步推出电子版宣传册，也还会在宣传册中设置二维码链接到公司官网、产品视频或互动问卷等，增加与读者的互动机会。这样既能提供更多信息，又能收集读者反馈，优化后续营销策略。

一、企业宣传册概述

企业宣传册一般以纸质材料为直接载体，以企业文化、企业产品为传播内容，是企业对外最直接、最形象、最有效的宣传手段。

（一）企业宣传册的作用

（1）介绍企业及其产品或服务。通过宣传册，企业可以向潜在客户或参展人员介绍企业及其产品或服务的相关信息，例如企业的发展历程、企业理念、文化和使命、产品的特点、性能参数、市场价格等。

（2）增加企业知名度。一份精美的宣传册，往往可以在展会现场引起参展者的注目和记忆。优秀的宣传册设计和印刷可以提高企业的形象，同时也有助于扩大企业的品牌知名度。

（3）拓展市场。宣传册可以起到预先了解市场需求、及时更新产品设计的作用，从而为企业吸引更多的潜在客户，拓展市场和增加销售额。

（4）提高客户信任度。宣传册在介绍企业及其产品或服务的同时，也可以提供企业的业务资料、认证证书等方面的信息，帮助客户了解企业实力并提高对企业的信任度。

（5）留存联络信息。宣传册通常会在展会现场免费发放，企业可以在宣传册上留下自己的联络信息以及社交媒体账号等，通过后续的跟进工作进一步拓展市场。

（二）企业宣传册的特点

1. 整体性

刊登在媒介上的广告常常只是一个企业或产品剪影，不易达到全面、翔实的传播效果和定向宣传的目的。企业宣传册是一个完整的宣传载体，围绕一个主题、一种风格，在形式与内容上都更全面、完整，有利于目标人群了解企业，帮助企业更好地达到营销目的。

2. 独立性

企业宣传册自成一体，无须借助于其他媒体，因此不受其他媒体的宣传环境、公众特点、信息安排、版面、印刷、纸张等各种限制，又称之为"非媒介性广告"。营销过程中，在纸张选择、开本设计、印刷效果、邮寄方式和赠送对象等多方面，企业都具有自主性和独立性。

3. 传播性

企业宣传册可以大量印发，使用场景也更为广泛。不管销售淡旺季，企业主都可以借助宣传册针对有关企业或潜在消费者，在展销会、洽谈会递给对方作为会后参考资料；或当成定点宣传广告，以扩大企业、商品的知名度，营销产品；当作直邮广告材料，进行邮寄、分发、赠送，更好地辅助销售。

（三）企业宣传册的视觉要素

企业宣传册设计的魅力不仅仅表现在好的创意上，而且表现在宣传册设计的整体性、协调性和人性化的统一。一个成功的企业品牌文化宣传册设计是在了解企业品牌文化的基础上，从图形、文字和色彩等视觉要素对宣传册设计进行探索，力求更好地将企业的品牌文化与时代个性有机地结合起来，服务于企业内涵。

1. 文字

文字作为视觉形象要素，是版面个性化的重要手段之一。

在企业宣传册设计中，字体的选择与运用首先要服务阅读。尤其是改变字体形状、结构、运用特技效果或选用书法体、手写体时，更要注意其识别性，不能为了追求效果而使文字失去最基本信息传达功能。

字体要注意调性选择。不同的字体具有不同的性格特征，而不同内容、风格的宣传册设计也要求不同的字体设计的定位：或严肃端庄，或活泼轻松，或高雅古典，或新奇现代，要从主题内容出发，选择在形态上或象征意义上与传达内容相吻合的字体。

字体要注意和谐统一。字体的变化不宜过多，其中标题或提示性的文字可适当变化，给读者带来不同的视觉感受，但内容文字体要风格统一；每行的字数不宜过多，要选用适当的字距与行距。

2. 图形

图形是一种用形象和色彩来直观地传播信息、观念及交流思想的视觉语言，它能超越国界、排除语言障碍并进入各个领域与人们进行交流与沟通，是人类通用的视觉符号。在宣传册设计中，图形的运用可有效地利用图形的视觉效果吸引读者的注意力；可准确地传达主题思想，使读者更易于理解和接受它所传达的信息；可猎取读者的好奇点，使读者被图形吸引，进而将视线引至文字。

图形的设计都可以归纳为具象和抽象两个范畴。具象的图形可表现客观对象的具体形态，直观、形象、真实地传达物象的形态美、质地美、色彩美等，容易从视觉上激发人们的兴趣与欲求，从心理上取得人们的信任。常见的有企业相关的团队、办公环境、生产车间，以及产品细节等图片；日常活动照片，如招商会议、培训讲座、施工现场、生产环节、安装案例、获得表彰的新闻照等。

抽象图形运用非写实的抽象化视觉语言表现宣传内容，是一种高度理念化的表现。在宣传册设计中，抽象图形的表现范围是很广的，尤其是现代科技类产品，因其本身具有抽象美的因素，用抽象图形更容易表现出它的本质特征。此外，对有些无具体形象的产品，或有些内容与产品用具象图形表现较困难时，采取抽象图形表现可取得较好的效果。抽象表现可以不受任何表现技巧和对象的束缚，不受时空的局限，扩展了宣传册的表现空间。此类图片一般采用通用素材、版权配图、原创绘图等方式，通常为设计师与企业沟通确认后，由设计师完成搭配与设计。

3. 色彩

在宣传册设计的诸要素中，色彩是一个重要的组成部分。它可以制造气氛、烘托主题，强化版面的视觉冲击力，直接引起人们的注意与情感上的反应；另外，还可以更为深入地揭示主题与形象的个性特点，强化感知力度，给人留下深刻的印象，在传递信息的同时给人以美的享受。

宣传册的色彩设计应从整体出发，注重各构成要素之间色彩关系的整体统一，以形成能充分体现主题内容的基本色调；进面考虑色彩的明度、色相、纯度各因素的对比与调各关系。设计者对于主体色调的准确把握，可帮助读者形成整体印象，更好地理解主题。

在宣传册设计中，运用商品的象征色及色彩的联想、象征等色彩规律，可增强商品的传达效果。不同种类的商品常以与其感觉相吻合的色彩来表现，如食品、电子产品、化妆品、药品等在用色上有较大的区别；而同一类产品根据其用途、特点还可以再细分。如食品，总的来说大多选用纯度较高，感觉干净的颜色来表现；其中红、橙、黄等暖色能较好地表达色、香、味等感觉，引起人的食欲，故在表现食品方面应用较多；咖啡色常用来表现巧克力或咖啡等一些苦香味的食品；绿色给人新鲜的感觉，常用来表现蔬菜、瓜果；蓝色有清凉感，常用来表现冷冻食品、清爽饮料等。

4. 装帧设计

宣传册设计讲求一种整体感，从宣传册的开本、文字艺术、版式的变化，到图片的排列、色彩的设定、材质的挑选、印刷工艺的质量，都需要作整体的考虑和规划，然后合理调动一切设计要素，根据不同的情况展开设计。

纸张的选择十分重要。常用的纸张，大概可分为：双铜纸、卡纸、哑粉纸、涂布纸、艺术纸、花纹纸、珠光纸等系列。其中铜版纸表面光滑，白度较高，色彩表现上良好。胶版纸印刷层次较铜版纸略为平淡。制作宣传手册以铜版纸居多，但胶版纸的手感柔和，反光较弱，通常也被一些注重环保的企业所喜爱。其他特种纸，如对画册艺术性要求强的，通常建议采用艺术纸、花纹纸等；而如对质感要求较强，也可选用珠光系列纸张，但由于印刷和阅读上较前两种纸不方便，这类选择使用应当慎重。

一般大型企业愿为纸张支付较高费用。总页数较少时，可选用克数较高的纸，如 150 克、200 克的铜版纸，不仅有厚重感，而且挺括，能体现出企业有资历值得信赖，表现出企业产品做工精良、品质上乘。手册封面纸张通常比内页稍厚，并可以在单面（封面、封底）覆上一层雾面胶膜，这样高级雾质感会更加强烈。部分企业需要表达的内容较多，编排页数较多，则适合选用克数较低的纸张，同时纸张表面也不宜过于光亮〔可选用如 90 磅（1 磅＝453.592 4 克）的雪铜纸〕。

选择不同的开本还应当依据企业产品的风格而定。开本大小常见的有 32 开、24 开、16 开、8 开等。长方形开本相对传统一些，如 16 开（210 cm×285 cm）是常用的杂志、艺术类书籍的尺寸，产品目录也常使用这种开本。这种尺寸的版面较大，放置大型图片视觉冲击力强。一般大中型企业可以选用这种开本。方形开本是较为时尚新颖的一种开本，这种开本较小，但跨页版面仍然很大，做大尺度图片的排版也会有很好的效果。中小型企业选用这种开本既符合企业身份也不会影响版面效果。手册尺寸可适当缩小（如 32 开左右），以免对顾客造成阅读量过大的心理负担和花费不必要的开支。

除了传统的装订成册，一些较有个性，强调设计风格的企业，在宣传册的尺寸、装帧上皆可打破常规。比如以设计现代、适合年轻人的个性家具为主的企业，其宣传制作物可以保持简洁轻快的风格，选择内容精简的折页手册呈现方式，其折叠方法多样，包括常见的有荷包折，即每一次折叠都以平行的方向去折，如一张六个页数的折纸，将一张纸分为三份，左右两边在一面向内折。风琴折，它的形状像"之"字形等。一般大中型企业若选用折页手册，务必选择克数较高的纸张，并增加"折纸"工序，以避免宣传册显得过于单薄进而影响企业形象。

（四）宣传册设计的基本步骤

宣传册是企业推广其自身和产品的重要媒介，其制作一般要经过以下几个步骤：在进行一个宣传册设计时，首先要收集设计中所涉及的各种资料和参考数据。包括对宣传对象的产品、市场、消费者的调查研究情况及调查数据的分析，以及设计制作企业宣传册的企业识别商标、字体、标准色等设计技术资料。根据企业自身的规模大小和市场状况，确定宣传册的开本形式、尺寸大小、印刷材料的选择、印刷数量等，再以草图的形式进行勾勒。版面统一设计，最好拟定大纲，将主题划分为几个章节，并为每个板块、段落赋予大标题与副标题，方便用户看到重点信息。定稿后按印刷要求在电脑上进行排版打样，选择宣传册印刷的方式进行印刷。常见折页形式如图 2-1-1 所示。

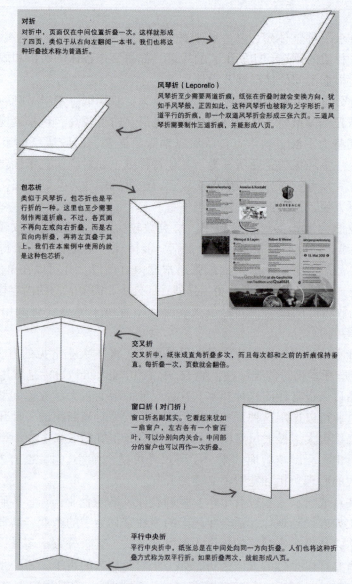

对折
对折中，页面仅在中间位置折叠一次。这样就形成了四页，类似于从右向左翻阅一本书。我们也将这种折叠技术称为普通折。

风琴折（Leporello）
风琴折至少需要两道折痕，纸张在折叠时就会变换方向，犹如手风琴般，正因如此，这种风琴折也被称为之字形折。两道平行的折痕，即一个双道风琴折会形成三张六页。三道风琴折需要制作三道折痕，并能形成八页。

包芯折
类似于风琴折，包芯折也是平行折的一种。这里也至少需要制作两道折痕，不过，各页面不再向左或向右折叠，而是右页向内折叠，再将左页叠于其上。我们在本案例中使用的就是这种包芯折。

交叉折
交叉折中，纸张成直角折叠多次，而且每次都与之前的折痕保持垂直。每折叠一次，页数就会翻倍。

窗口折（对门折）
窗口折名副其实。它看起来犹如一扇窗户，左右各有一个窗百叶，可以分别向内关合。中间部分的窗户也可以再作一次折叠。

平行中央折
平行中央折中，纸张总是在中间处向同一方向折叠。人们也将这种折叠方式称为双平行折。如果折叠两次，就能形成八页。

图 2-1-1   常见折页形式
图片来自《写给大家看的设计书：实战篇》［德］克劳迪亚·科特豪斯

二、企业宣传册常见内容

每份宣传册的内容和架构都是独一无二的，不过多数宣传册还是有几项共同的特色。以下是典型的 3 大类宣传册内容大纲，包括产品、服务和公司宣传册。具体的写作可以根据自身的行业特点、企业宣传册类型和宣传需求进行添减和调整。

1. 产品宣传册

介绍：精简描述产品，解释为什么宣传册读者对这项产品有兴趣。

效益：列出顾客应该购买这项产品的理由。

特色：彰显产品有别于竞争对手的重要特色。

"如何运作"：描述产品如何运作、可以为顾客做些什么。宣传册的这个部分可以放进任何能够展现产品优越性的测试结果。

使用者（市场）类型：这部分描述产品锁定的特殊市场。例如水质净化厂的目标客户应该是市政府、公用事业或制造业工厂。这三个目标市场各自独立，而且各有其特定需求。宣传册的这部分，也可以列出愿意为产品作担保的知名人物或组织。

应用：描述产品可以应用在哪些方面。

产品的选择：列出款式、尺寸、材质、选择项目、配件等各种你可以在购买时指定的条件。你的宣传册可以在这部分加入图表、图解、公式表，或其他能够协助读者选择产品的指引。

价目表：也就是产品的价格信息。其中也包括配件价格、各种款式与尺寸的价格、数量折扣、包装运送费。价目表通常印在单张纸上，再夹进宣传册里。这样的话万一价格有变化，也不至于造成整本宣传册都得重印。

规格明细：包括伏特数、耗电量、防潮能力、适应温度、操作条件、清洁方式、储存环境、化学性质等各种产品特性及使用限制。

问与答：回答关于产品的常见问题，包括宣传册其他部分没有提到的信息。

公司介绍：简单说明制造商的历史，目的在于让读者知道产品来自稳固、有信誉的公司，不必担心公司营运不善影响产品。

售后服务：关于交货、组装、训练、维护、服务与产品保证等信息。

下一步：指导读者如何订购产品（或者如何取得进一步的产品信息）。

2. 服务宣传册

介绍：说明服务项目、客户类型，以及读者为什么对这项服务有兴趣。

服务内容：详细描述各种服务的内容。

益处：描述读者可以从这项服务中获得哪些益处，以及他们为什么选择你的公司而不是你的竞争对手。

方法：大致说明你的公司与客户合作的方式。

客户名单：列出愿意为你的服务作担保的知名人物或组织。

见证：选出特定客户为你的服务美言。见证通常是用客户自己的话，你可以再加上引号，然后注明是引述自哪个人或哪家公司的。

费用方案：说明每项服务的收费，以及付费方式和条件。同时你应该把任何提供给客户的保障纳入进来。

公司团队介绍：简单介绍团队成员资历，彰显公司重要员工持有的各种证照。

下一步：告诉有兴趣的读者下一步该怎么做，或是如何取得进一步的服务信息。

3. 公司宣传册

公司的营业项目

公司的组织架构（母公司、事业部门、子公司、分公司办公室）

经营理念

公司历史

工厂与分部办公室

占地范围

主要目标市场

经销体系

销售额

与竞争对手的排名

股票股利发放规模

股票报酬与股息

员工人数

员工福利

杰出员工

专利发明

卓越成就（包括产业界的"第一"）

研发计划与成果

质量管理的执行

社会服务（环保计划、社福关怀、慈善活动、艺术赞助等）

获奖情况

政策

目标、愿景、未来计划

总的来说，企业品牌宣传册应当重点突出企业精神、企业文化、企业发展定位、企业性质等，以形象为主，产品为辅。产品宣传册应当重点体现产品的功能、特性、用途、服务等，以产品为主，企业简介为辅。经常看到化妆品、葡萄酒、粮食、土特产的宣传册都属于产品宣传册，它主要目的是产品推广和促进销售，让大家全面了解它的产品体系。

三、企业宣传册的写作要点

1. 清晰易读

企业宣传册是面对所有消费者的，消费者受教育的程度不一样，因此宣传册语言应尽量简单、轻松，除非特殊行业需要，否则宣传册不要使用晦涩难懂的文字。此外将整个宣传册分成几个易读的区块，让界面一目了然。同时可以在每一页上用颜色对内容进行分区，标上横穿页面顶部的水平色带方便读者的阅读。

2. 封面精美

企业宣传册的外观要精致美观，要用标题或视觉设计来突出企业形象，给消费者直观的美的感受。读者从信封抽出宣传册，或者在展示架上取走宣传册时，他们第一眼看到的是宣传册封面。假如封面承诺阅读文案能得到好处或反馈，那么读者就会翻阅文案内容（或至少看看图片、图说和标题）。

3. 展示优势

企业宣传册本意是宣传企业，应重点展示企业的优势和独特的竞争力。描绘企业所取得的成就，使用企业产品会给消费者带来哪些好处，企业的光明前景，等等，以增加消费者对企业的信任。

4. 回应关切

企业宣传册内容应该考虑顾客想知道的信息。假如你经营一家电脑专卖店，而你发现上门的顾客似乎都会问同样几个特定问题，那么你可以增加："购买计算机前应该知道的六个重要问题"，用简单的问答形式，提供选购计算机的诀窍。

单元二　编写企业宣传册

　　企业宣传册是潜在客户能带走的宣传物料，能够增加企业曝光量，提高交易转化效率。宣传册包含的内涵非常广泛，对比一般的书籍来说，宣传册设计包括封面、封底的设计，还包括环衬、扉页、内文版式等，讲求一种整体感。对编写者来说，文字的填充、结构、演绎，就像一个跳动的音符，配合设计勾起阅读者的阅读欲望，都是需要精心雕琢的地方。

一、封面的编写

　　脸面大事，关乎形象。宣传册的"头""脸"集中体现在封面和内部整体风格把握上。一本宣传册的封面和内部整体设计风格将给阅读者以直观的印象。一个个性化的封面，一个体现画册风格的整体版式，不仅定调了总体的风格，也让人催生去探索的冲动，这是画册设计者首要考量的问题。

　　文字内容上，宣传册的封面需标明企业名称、Logo、股票代码等核心信息，同时考虑到页面的丰富性、辨识度，还可以把企业的核心价值观以及企业的发展定位用简练的语言概括呈现在封面页，这些都能使宣传册更加一目了然，达到更好的宣传效果。例如图 2-2-1 所示的宣传册封面中包含企业中英文名、股票代码，也清晰地阐明企业"合作共赢、展望未来、共同进取"的价值观和"科技创造美好未来"的使命。实际上，面对不了解企业的潜在用户，在封面页中对企业作一个概述会吸引更多潜在客户，提高宣传册的传播效率。如图 2-2-2 所示为起点学院的封面样例，一句"互联网黄埔军校"高度概括了企业的战略定位，提纲挈领地升华了企业的存在价值，让用户一目了然，能够引发更多对此方面感兴趣的用户传阅，达到更佳的传播效果。

图 2-2-1　企业宣传册的封面样例

图 2-2-2　企业宣传册的封面样例

二、内页的编写

一般企业宣传册的内页需要说明公司情况、业务范围、服务案例、合作伙伴等信息，具体的写作根据不同的公司情况来定。

1. 扉页及目录

相对于其他的宣传物料设计，企业宣传册的内容比较多，通常包括公司介绍、业务范围、案例介绍、合作伙伴等，因此企业宣传册设计最重要的是"主题明确，结构清晰"。

扉页通常可以刊登有企业特色评话或总裁对企业的一段概括。公司领导介绍能让宣传册变得鲜活起来，尤其是公司领导为名人时，能为企业增添光环，利用领导效应增加受众对企业的信任感和美誉度。这部分也是进入正题前的一次停顿，有助于顾客在认识企业产品前对企业本身有所了解。

目录则能起到检索内容的功能，它能够反映出整本宣传册的框架和设计风格，也是在宣传册设计时容易忽视的一部分。宣传册目录设计为主题服务，注意逻辑贯穿，串珠引线，重点是让读者阅读过程中一目了然，达到宣传目的。

图 2-2-3 所示为企业宣传册的扉页及目录样例。

图 2-2-3　企业宣传册的扉页及目录样例

2. 公司介绍

公司介绍一定要置于企业宣传册的首要模块，它能让受众快速了解公司主要信息，解决"我们是谁"的问题。

公司介绍通常包括公司简介、公司大事记、组织结构、企业文化、企业社会责任等。公司简介是企业发展现状与经营理念的充分诠释；公司大事记主要介绍公司的发展过程，发展过程中的历史性转折点；企业文化活动展示能让受众感受到该公司的文化氛围，进而对整个公司形象有进一步的了解；企业社会责任是企业在创造利润、对股东和员工承担法律责任的同时，还要承担对消费者、社区和环境的责任，企业的社会责任要求企业必须超越把利润作为唯一目标的传统理念，强调要在生产过程中对人的价值的关注，强调对环境、消费者、社会的贡献。

案例：

×生物医药科技有限公司，是一家集研发、生产和销售于一体的高科技公司，多年专注医药健康产品的×××代工服务，致力为客户提供安全、高效、正规的医药生物制剂包装产品，公司秉承"×××"的核心价值观，以科技创新为舟，搏击市场之海，获得了广大客户的认可与信任，客户包括国内多个省、市、自治区，远销××和×××的国家和地区。

值得一提的是，20世纪90年代，企业社会责任理念被引入我国。2006年，我国《公司法》中明确写入了"企业社会责任"。2017年，党的十九大报告提出，要推进诚信建设和志愿服务制度化，强化社会责任意识、规则意识、奉献意识。国际著名咨询公司埃森哲2018年通过对全球近30 000名消费者的调查发现，62%的消费者希望公司能够在社会、文化、环境和政治问题上表明立场。消费者被那些致力于使用优质原料（76%）、善待员工（65%）、减少塑料和改善环境（62%）的企业所吸引。因此，在宣传册的写作中加入企业社会责任传播，不仅可以使员工认识和理解企业当前的政策、策略和态度，还可以促进企业和外部利益相关者的沟通，在提升企业形象的同时，引发公众对企业社会活动的关注，共同促进社会问题的解决。

3. 业务介绍

产品及服务展示是企业宣传册的核心内容之一，一个企业所从事的具体业务活动的范围和内容是企业发展和经营的基础，决定着企业的竞争力和市场地位。通过产品及服务展示，让受众对企业有更清晰更全面的认识，解决"我们做什么"的问题。

业务介绍通常包括主营业务、附加业务等。主营业务是企业最为核心和主要的业务活动，一般与企业的定位和发展战略密切相关。例如，一家电子产品制造企业的主营业务可能是生产和销售电视、手机等电子产品；一家餐饮企业的主营业务可能是提供各类餐饮服务。在介绍公司产品与服务时常用图文结合形式，文字要求简练，涉及具体产品信息时需标明产品编号、样品尺寸、材质，是否标注价格需由企业决定。附加业务是企业为了增加收入和满足客户需求而提供的额外服务。例如，一家酒店除了提供住宿服务外，还可以提供旅游咨询、接送服务等附加业务；一家物流企业除了提供货物运输服务外，还可以提供仓储、包装等附加业务。

> **案例：**
>
> ×××生物医药科技有限公司产品生产范围涵盖了硬胶囊、软胶囊、膏剂、片剂、粉剂、颗粒剂、袋泡茶、丸剂等剂型，我们用产品和服务，与客户共赢未来。

4. 公司实力

为增加宣传效果，公司业绩或者服务案例介绍通常是最有说服力的，这一块往往非常关键。通过业绩与案例展示，解决"我们做成了什么"的问题。

公司实力呈现通常可以针对主要技术进行展示，包括相关专利介绍、高科技设备介绍等，来体现公司产品深远的市场潜力；可以针对已有的宣传报道进行展示，体现市场对于公司的认可与肯定；如果是新公司，在没有大量成功案例时，也可突出其他方面的实力，如企业产品通过任何质量认证标准、优秀的合作伙伴等，这些内容都可以提升用户的信任度。值得一提的是这一部分的描述建议用简练的标题语言概括，让用户清晰可见。

> **案例：**
>
> 拥有国际×先的生产基地，多条先进水平的全自动生产线，×十万生产车间，一支高素质、行业经验丰富的研发和生产团队，我们采用严谨、细致、精确的生产管理理念来进行生产的管理工作。我们的研发人员，共计×名，平均学历为本科，最高学历为博士，拥有×实验室，生产人员工作经验达×年以上。

三、封底的编写

封底是宣传册的结尾，犹如乐章的尾声，应与封面相呼应形成统一的整体。企业的名称、标语最好在封底重现一次，若有官方网站、联系地址也可写出。

如果企业宣传册的重点在于拓展用户，可在宣传册的最后加上"行动呼吁"，通过文案催促读者打电话、写信索取进一步信息或采取其他的行动。提供顾客回函卡、写好地址并贴上邮票的回邮信封、订购单、免付费电话或各地经销商名单，都有助于读者方便作出回应。

拓展学习

企业文化建设

企业文化建设是指企业文化相关的理念的形成、塑造、传播等过程，要突出在"建"字上，切忌重口号轻落实、重宣传轻执行。企业文化建设是基于策划学、传播学的，是一种理念的策划和传播，是一种泛文化。做好企业文化建设，可注意以下：

（1）确定企业的使命、愿景、价值观。

使命，就是企业对人类、对社会、对行业、对消费者而言，其存在的意义、价值。比如格力说"让世界爱上中国造"；农夫山泉说"为生命健康提供产品与服务。"我们发现一些知名企业，都有自己的经营使命在支撑着企业运转。

案例：

中国移动的企业使命是："创无限通信世界，做信息社会栋梁"。"创造无限通信世界"，就是要开创崭新生活方式，提供丰富生活内容，提升人类生活质量，让繁忙疲惫的现代人能够享受到随时、随地、随意、沟通永无极限的快乐，是中国移动孜孜不懈的永恒追求，这体现了中国移动通过追求卓越，争做行业先锋的强烈使命感。"做信息社会栋梁"，是自信的中国移动人自主的选择，也是人类从工业文明迈向信息文明这一伟大历史转折赋予中国移动的艰巨责任，体现了中国移动在未来的产业发展中将承担发挥行业优势、勇为社会发展中流砥柱的任务。

企业愿景回答的是企业未来想成为什么样的企业，实质是对企业定位的深远思索，对企业的长远发展将起到重要指导作用。企业愿景具有超越性与开创性，它可以超乎企业现时所处在的状态，并提出一种可以通过奋斗可以实现目标的可能性。愿景是企业的"理想"，是企业的导航明灯，缺乏理想的企业注定不能获得大的成功。愿景能够鼓舞和激励员工士气，增强员工的使命感和责任感，企业借助愿景，可以将员工凝聚在共同的企业目标之下，激发成员的潜能，使他们竭尽所能努力达成企业的目标。

案例：

海尔确立"创中国的世界名牌，为民族争光"为其企业愿景。海尔通过该愿景将企业的发展与员工个人的价值追求完美地结合在一起，让每一名海尔人都感受到要成就海尔的梦想，走出国门，实现海尔世界名牌的目标，使中国的海尔成长为世界的海尔，就必须让自己充分融入这一过程中，通过点点滴滴的努力，在实现企业伟大目标的同时达成个人的价值与追求目标。海尔一步步从一家濒临倒闭的小厂成长为世界品牌500强企业，愿景的感召力可谓是功不可没。

企业价值观是企业判断一个人或一件事好坏的依据和准则，是解决企业在发展中如何处理内外矛盾的一系列准则，表明企业如何生存的主张。企业核心价值观是一整套企业长期持有的处事原则。

默克集团的核心价值观是：企业的社会责任感，企业各方面绝不含糊的质量要求，科技为本的革新，诚实正直，盈利——从为人类造福的工作中盈利。作为一家医药化工企业，默克集团将核心价值观聚焦于社会责任、品质、创新、做人以及盈利这五个方面，精确地阐明了企业存在的价值、产品品质实现途径、科技持续的动力源泉、员工的根本要求以及如何盈利的问题，让员工全面地理解了默克集团的价值取向和诉求。

（2）主题文化活动的设计开展。

包括品质文化、服务文化、品牌日……海尔砸冰箱的故事是海尔的品质文化。后来海尔又在讲服务营销，海尔的"真诚到永远"暖了千百万用户和消费者的心，让海尔品牌成为中国制造的诚信标签。中小制造业需要注重这些主题文化活动的策划、开展。

（3）管理文化活动的开展。

管理文化活动的开展包括总经理见面会、民主生活会、高层沟通会、金牌员工见面会……好多企业都是从小做大的，小的时候经常老板可以与员工直接随时交谈，随着人员增多，企业分散在各个地方，从精力上，平时都在忙，一年可能都跟老板见不了一次面，针对这种情况可以定一个金牌员工见面会，每年固定一个下午的时间，让这些从创业就跟着老板的员工，哪怕是车间的工人，在这个"金牌员工见面会"上，跟老板一起吃一顿饭，既解决了老板的困惑又打造了组织的情感。通过"金牌员工见面会"这个管理活动的开展，更重要的是向所有员工传递一个信息，无论是一线员工还是管理层，老板、高层都不曾忘记他们。久而久之，便形成了企业的文化，有利于塑造团队超强的凝聚力。

（4）文化建设载体的设计。

文化是需要载体的，我们天天嘴巴上讲要打造企业文化，它还是虚的。企业文化载体是指以各种物化的和精神的形式承载、传播企业文化的媒体和传播工具，它是企业文化得以形成与扩散的重要途径与手段。企业文化的载体具象化来说可以是企业宣传片、企业歌、企业自媒体、企业杂志、企业书籍等。

（5）文化形象的设计和统一。

文化形象的设计和统一包括厂房、文化馆、办公家具、服装等。比如，汤臣倍健打造的透明工厂，它有一个文化馆、有个生命体验馆，让你去感受自己身体的一些变化；再如德国斯图加特的奔驰汽车博物馆，记录了关于奔驰汽车长达 120 年的光荣和梦想。

任务实训

根据上一章节团队的创业计划书，拟定一份贵公司的宣传册/折页。

请完成下列任务：

1. 根据公司性质，选择宣传册的主体色调。

2. 设计一份 6~8 页面的宣传折页。

创新创业案例

编写宣传片

案例导入

在这个信息爆炸的时代，企业宣传片不仅是企业形象的窗口，更是品牌故事的讲述者，它用视觉与情感的双重力量，搭建起企业与消费者之间沟通的桥梁、精准传达企业价值、激发观众共鸣，让品牌之光在激烈的市场竞争中熠熠生辉。

在2022年，正值腾讯公司成立20周年之际，为了庆祝这一重要的里程碑，腾讯推出了一部感人至深的宣传片，名为《我愿成为一条河》。在这部宣传片中，腾讯被比喻成一条河流，象征着源源不断的创新和活力。这条河流孕育了新的科技、新的文化创意产业以及新的商业模式，它们沿着河流的脉络不断发展壮大。水，自古以来就是生命之源，它能够穿越千山万水，滋养万物，连接天地间的一切。正如宣传片中所展示的那样，腾讯正是以这种水的特性，通过互联网的力量，将信息、资源和机会传递给每一个角落，为人们的生活带来便利和幸福。腾讯的形象在宣传片中被生动地描绘为一个温暖、滋润、充满活力的互联网平台，它不仅为人们的生活带来了便利，更赋予了人们无限的可能性和创造力。通过这部宣传片，腾讯希望能够传递出其作为一家科技巨头的责任感和使命感，以及对未来发展的美好愿景。

目前宣传片已经成为现代社会中不可或缺的一部分，它不仅是一种传播工具，更是一种文化现象。宣传片与传统的30秒以内的TVC广告有所不同，它以更加开阔的视角，从多个维度展示品牌的方方面面，承载的内容更加丰富。它让艺术与商业和平共处，通过视觉和听觉的双重享受，让观众在不知不觉中接受品牌所要传达的信息。

【思考】

1. 请你谈谈宣传片和电视广告的区别在哪里？
2. 请介绍一个让你影响深刻的宣传片。

学习目标

知识目标

1. 理解宣传片的内涵与特点
2. 掌握宣传片写作的创作要点和方法
3. 掌握不同类型宣传片的写作技巧

能力目标

1. 能够根据不同的宣传目的完成宣传片主题的提炼
2. 能够根据企业特点和宣传目标，独立完成企业宣传片的文案撰写工作

3. 能够在面对不同企业和宣传需求时，灵活调整文案风格和语言，以适应不同受众群体的需求

素质目标

1. 培养对企业文化和宣传策略的深刻理解，形成独特的创意视角和审美能力

2. 培养良好的团队协作精神，确保与宣传片制作团队紧密配合，提高宣传片的整体效果

3. 增强对企业社会责任和品牌形象塑造的认识，确保文案内容积极向上，符合企业价值观和社会道德规范

单元思维导图

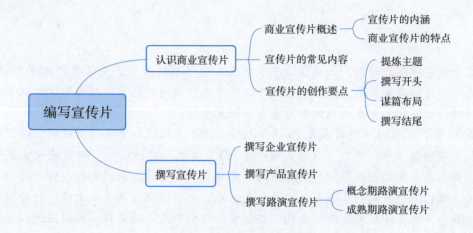

单元一　认识商业宣传片

一、商业宣传片概述

宣传片是宣传企业形象的最好手段之一。它能非常有效地把企业形象提升到一个新的层次，更好地把企业的产品和服务展示给大众，能非常详细说明产品的功能、用途及其优点（与其他产品不同之处），诠释企业的文化理念，所以宣传片已经成为企业必不可少的企业形象宣传工具之一。

（一）宣传片的内涵

宣传片是制作电视、电影的表现手法，是对企业内部的各个层面有重点、有针对、有秩序地进行策划、拍摄、录音、剪辑、配音、配乐、合成输出制作成片，目的是声色并茂地凸现企业独特的风格面貌、彰显企业实力，让社会不同层面的人士对企业产生正面、良好的印象，从而建立对该企业的好感和信任度，并信赖该企业的产品或服务。

宣传片根据其目的的不同，可以分为企业宣传片、产品宣传片、路演宣传片等。

（二）商业宣传片的特点

好的宣传片文案往往遵循三大原则：原创性、唯一性、简洁性。

1. 原创性

文案即 Copywriter，从字面意义上理解就是复制、粘贴的搬运工，所以经典的文字、句式经常被模仿，但写作形式、句式上的照搬照抄无法体现一个企业的独特魅力与存在价值，还会让企业陷入侵权的纠纷中，因此好的创作需要在理解企业历史文化的基础上，与其特点有机结合进行再创造。

2. 唯一性

任何一个品牌，都会有无数竞争对手在厉兵秣马地较量着。一个品牌必定有它独特的核心价值、定位、形象、个性，只有这样才能突出竞争重围，这些都需要文案进行勾勒。因此好的创作并不只是文采出众，还能够借助文案将企业自身的人生观、价值观、美学观等化入笔端，从而让观者快意叫绝。

3. 简洁性

宣传片往往有自己的传播诉求和目的性，引起消费者共鸣极为重要。现实中，写作者常常抑制不住内心的冲动，将华丽的文字倾泻而出，而这类炫技式写作没有考虑读者的接受习惯与接受能力，容易事倍功半。相反往往是那些朴实的文字最能穿透心灵，让人读了唇齿留香，听了回味无穷。

二、宣传片的常见内容

对于一个企业来讲，需要陈述的内容无非有以下板块：历史发展、产业现状、解决方案、产品体验、客户服务、社会公益、营销网络、多元化、国际化、资本化、荣誉成果、企业文化、未来战略等。根据宣传片的定位与目的不同，宣传片的内容构成可做相应取舍。例如企业宣传片主要是企业一种阶段性总结动态艺术化的展播方式，对企业理念和企业文化进行深度的挖掘，回望过去，放眼未来，对企业形象进行战略层面的宣传和传播，达到树立品牌、提升形象、彰显文化的目的。产品宣传片直观生动地展示产品生产过程、突出产品的功能特点和使用方法，从而让消费者或者经销商能够比较深入地了解产品，营造良好的销售环境。路演宣传片通过音画旁白结合的呈现实现创业者与投资人的对话与交流，可以促进双方的充分沟通和深入了解，最终推动项目的融资进程。

三、宣传片的创作要点

（一）提炼主题

广告策略的凝练，是对事物总的特征的看法。它是从一个新颖的角度解决说什么的问题，从而达到让人眼前一亮的目的。比如百达翡丽表，它对外传达的内容从来没有局限于产品本身，而是塑造了一个"传家宝"的概念。它的广告语是这样的：没有人真正拥有百达翡丽，只不过为下一代保管而已。再比如：奔驰卖的不是车，那是一种奔跑在世界顶端的荣耀。香奈儿卖的不是香水，是一种自我魅力和品位的表达。卡地亚卖的不是珠宝，是一种被人仰望的贵族风范。

塑造概念往往从以下四个角度入手：

1. 主体

主体可以理解为"受众"，概念往往围绕"人"进行挖掘。比如早期一家信用卡的广告。创意概念是"购物是为了身边的人更幸福"。换句话说，它提供了消费者一个逛街购物最动人的理由，在温馨的配乐中，电视广告影片分成了五段故事——爷爷送的新开始、太太送的健康标准、姐姐送的大朋友（大玩具熊）、爸妈送的海阔天空、男友送的一生幸福。

2. 客体

客体是指产品或品牌给主体带来的生活方式或体验，也就是主体在什么样的情景下进行演绎。《剑桥大学》宣传片中，为了阐述该校在世界上的影响力，挖掘出一个概念《给世界的一封书信》，在教授的演绎下，在师生的串联下，生动活泼，别有趣味。中国台湾有名的7-11便利店，为了推广 City coffee，于是围绕《在城市，探索城事》的概念，打造了若干条短视频，由桂纶镁倾情演绎。每条短视频也都有一个鲜明的概念，比如《时间篇：从时间，偷一杯咖啡的时间》《再见篇：再见，为了和更好的你再见》《改变篇：改变，只为更好》《交接仪式篇：一杯咖啡的时间，把自己交接给另一个自己》。

芝华士《心灵之境》讲述的是关于约定和相聚的爱情故事，以此暗合芝华士25年传奇经历：从百年前的辉煌，到大战时的暂别，直至一个世纪后的复归和重生。百威啤酒《爱上一匹野马》源于一首歌：爱上一匹野马，可我的家里没有草原。但那又怎样！于是一则暖心广告诞生了，讲的是一只宠物狗和一匹马之间产生感情的故事，千山万水也无法阻挡二者的友谊，而当它们的关系渐渐亲密时，其主人也坠入爱河。

3. 本体

本体指的是品牌或产品本身。往往通过有形的视觉载体、符号或文案，表现无形的抽象的内容。比如传统宣传片中，同济医科大学在110周年之际策划的《中国梦·同济力》，全篇围绕"力"这个概念对历史进行钩沉和贯穿。

4. 个体

通过人物个体进行挖掘，以小见大。比如早期凡客代表作品《生于1984》传达了一个概念："1984，以李宇春为代表的一代人出生。"比如农夫山泉《一个人的岛》，表现了一位老人对于源头水的坚守，还有七匹狼《名士堂》、马爹利《当代名士·映像寻旅》、观致汽车《行，有观点》、百事可乐《猴王世家篇》都是围绕个体进行讲述。

总之，概念的挖掘方式有很多，可以抽象，也可以具体，可以诉诸文案，也可以化为视觉符号。对优秀的作品或旧有的素材进行拆分，重新整合，用新的审美角度去挖掘，用新的手法和语境去表达，零距离走进受众心里，就可以焕发出作品新的价值。

（二）撰写开头

都说万事开头难，对于处于信息化时代的受众来说更是如此。好的开篇，能够锁定受众群体，然后充分调动他们的嗅觉展开巡猎。经常出现的开篇有以下几种形式：

1. 引子或题记

这种开篇往往是黑场+字幕，或画面叠加字幕。

（举例：得邦照明）

一盏光明，温暖一家；

一抹色彩，精彩一刻；

一城辉煌，繁华一梦。

2. 总领全篇

这种开篇的特点如下：立体勾勒，总体上有所了解。再按照总—分—总的结构进行阐述。适合郑重严肃的题材，比如政府、城市类。

（举例：五龙山生态农业观光园）

她被称为五龙山景区的门户，距义乌市区仅 10 公里；

她与自然山水共呼吸，有着天人合一的生活情境；

她错落有致，高低起伏，如同一幅立体的画；

她与都市繁华保持合理尺度，更是心灵的家园。

一片田，一带水，三幽谷。

她就是五龙山生态农业观光园。

3. 开门见山

此类开篇直接带出品牌，或带出观点，不拖泥带水，适合喜欢简单直接的客户。

（举例：归真金胆）

不是所有的金胆级熊胆粉都叫归真金胆。

作为肝胆健康专业服务机构，归真金胆以敬畏之心，

将行业标准制定者纳入机构体系。

选择精制纯天然、金胆级熊胆粉作为主推产品，

因为知道去向哪里，才能脚踏实地。

4. 大气史诗

此类开篇形式适用于展示历史积淀、衬托新生事物（引领性的，革命性的）。

（举例：三菱电梯）

1889 年，当第一部电梯诞生，世界为之震惊。从此，历史被改写，人类的距离由水平迈向垂直，跨向高度。世界构成了平衡，人类学会了仰望。

（举例：思科）

200 多年前，工业革命拉开了国家的差距，分裂了我们的世界。

今天，互联网革命使人们重新走到一起，跨越地区和语言的隔阂，构建一个互联互通、信息共享、交流廉价的世界。

5. 时代引领

此类开篇适用于展示行业背景，包括发展趋势、现状、未来展望等。

（举例：湖州久通物流机械有限公司）

这是一个快速发展的时代。

物流自动化水平的高低直接反映出企业现代化的水平。

作为国内最具价值的物流系统工程设备制造商之一，湖州久通物流机械有限公司从创立伊始，便始终为中国的工业现代化而服务。

（举例：中国东盟电气集团）

能源，万物生生不息的命脉。

可再生能源的开发与利用，始终是人类不懈的追求。

21 世纪，全球的目光开始聚焦于环境的可持续发展，当一系列优化解决方案不断放大绿色电力时，人们记住了一个醒目的名字——中国东盟电气集团。

6. 提出问题

此类开篇使用设问或反问，引起受众思考，寻求解决方案。

（举例：朝热科技）

健康、互联网、云、客户端，当这一切不断相遇并成为一种趋势，我们在不断思考：如何实现患者与医务人员、医疗机构、医疗设备之间的互动？如何让医疗进入社区乃至家庭，从而解决最后一公里的问题？

7. 已知事实

在写作的开头列举一些目标受众已经知道的事实，这样能快速获得信任。

（举例：农心科技）

你可能知道，

孩子们一出生便被添加剂和化肥农药残留喂大，

曾经那汁水四溅的西红柿再也吃不到。

你可能不知道，

每年有 2 000 万人从农村走向中小城镇；

每年有 1 000 万大学生需要就业。

每年有无数的人和你有一样的乡愁。

8. 无开头

全篇都一个句式，一气呵成。适合广告或大牌传播类视频，耐克、阿迪达斯、华为等公司都采用这种形式。

（举例：三叶草）

如果你认为，超级巨星就是站在舞台上，跃动全场，人潮涌动；

如果你认为，超级巨星就是要有话题，保持曝光；

如果你认为，超级巨星就是只喊出昵称，别人也知道你是谁；

如果你认为，超级巨星就是懂得讨好粉丝；

如果你认为，超级巨星就是大家都想知道你的行踪。跟谁在一起？吃了什么？

在哪里活动？穿了什么？

如果你认为，超级巨星就是身边总会有造型师、保镖跟着，总是变幻莫测，

成为一种化身、一个标志、一个象征；

如果你认为，超级巨星就是这样造就的，那我不是巨星。

（三）谋篇布局

结构是文案的身体。好的结构，玲珑有致，可以由现象到本质，由原因到结果，由概念到应用，由宏观到微观，或者倒推法层层追溯等，根据企业具体情况，选择恰当的逻辑陈述方式，让人一目了然。常用的结构有以下几种：

1. 平铺直叙式

文学创作上讲究起承转合，文案创作同样适用。按照逻辑顺序撰写是最常见的写作方式，传统企业宣传片选用最多。结构有过去—现在—未来。包括企业开篇（展现一个企业的精髓）——公司介绍（包括公司历史缘起、企业的发展历程、产品介绍、技术方案、人才队伍、服务案例等）——荣誉成果梳理（包括合作伙伴、荣誉成就等）——未来展望。画面上往往就是时间轴，历史图片滚动，接着过渡到现代化办公大楼，展示今天的

规模、资质、厂房车间、生产设备、工艺、流水线，再出现团队风采、企业文化，最后是标语。

2. 总分总式

总分总结构也是写作中的常见结构。可以开篇直抒胸臆，提出一个观点，然后再通过两三个故事或卖点进行陈述，最后再将观点升华，画龙点睛，首尾呼应，形成一个闭环。比如腾信堂，它的文案是根据五行的概念进行延展对企业文化进行梳理，包括：金——诚信如金（诚信）；木——成长如木（安全呵护）；水——澎湃如水（高效团队）；火——洞若观火（专业）；土——深植于土（稳健），结尾再加上总结提炼，加深印象。

3. 主题贯穿式

所有的结构都要为主题服务，通篇文案围绕一个主题或者一个句式展开，可提高文案的节奏感和渲染力。比如潍柴集团，主题：动力梦想，国际潍柴，关键词：动力。在结构上就有了以下呼应：转型力·勇者先行、创新力·智者先觉、担当力·仁者先当、裂变力·拓者先立、爆发力·达者先兴。

（四）撰写结尾

托尔斯泰说："好的结尾，就是当读者把作品读完之后，愿把第一页翻开来重新读一遍。"对于企业宣传片而言，结尾一样重要。好的结尾能够揭示主旨、升华意境、涵盖内容、拔高思想，常见的结尾写作方法有以下几种：

1. 归纳总结

通过归纳，进一步强调自己是谁，或自身的立场。

（举例：中国平安）

这就是平安。

一个让世界更加美好的平安；

一个继续全力以赴，与客户、员工、股东及社会同生共长的平安；

一个用爱与责任唱响"天下平安"的中国平安。

（举例：农夫山泉）

21 年来，农夫山泉已经在全国优质的八大水源地建立了十五座工厂，从水源到产品，

每一座工厂都是对品质的坚守。我们不生产水，我们只是大自然的搬运工。

2. 使命传承

一朵如其所是的玫瑰，才是玫瑰。每一个人、每一株植物、每一只动物、每一家企业都有一个天生的使命——完成如其所是的自己。

所以，在结尾往往强调使命感，不忘初心，继续前行。

（举例：龙额火山茶）

中国不能没有世界顶级红茶，中国要发展顶级红茶。

我们承载的不只是这一片片神奇的绿叶，更是顶级红茶的使命和希望。

坚守初心种好茶。与责任担当的最小差距，便是与未来的最大交集。

（举例：汇孚）

未来的汇孚不只是一个撮合平台，更是一个共生共荣的新产业链生态。

因为，人类从未放弃对更高效率、更低成本和更加自由的孜孜追求。

因为，我们始终坚守一个使命：让人们更好地享受大自然。

3. 愿景蓝图

习近平总书记说：一张蓝图绘到底。有愿景才有未来。愿景也是企业文化中很重要的一部分。

（举例：宝业建设）

在充分理解生态环境与人文关怀的基础上，宝业建设凭借完整的产业链条与战略协同优势，树立了自己的愿景，那就是：企业健康发展，铸塑宝业品牌，打造百年宝业。把历史和荣耀沉淀在心里，一个更加生动活泼的面孔，一个稳健发展的宝业，正走向未来。

（举例：德创）

诚信为本，合作共赢。未来的德创将着力在更高的舞台上与国际接轨，朝着国际知名的专业环保产业集团的发展目标不断奋进，并与广大客户携手共创美好的未来。

4. 发出邀请

招商、招生类用发出邀请的结尾用得比较多。

（举例：万利建筑）

建筑，见证着一个时代的伟大，也承载着人们对未来的梦想。

鉴于当前行业的深刻认知，万利构创起"以人为本，和谐共存，科学发展，利国利企"的大企业文化理念，铺就广阔的建筑平台。万利人愿与社会各界朋友一道，精诚合作，共建精品工程，共创美好未来。

5. 重复强调

结尾再一次重复开头的内容，起到加深印象、增强记忆的效果。

（举例：小罐茶）

用三年半时间，我们找齐了八位大师，他们有跟我们共同的理想和信念，如果能让大家喝一口，竖个大拇指，我想这所有的付出都是值得的。

八位大师，敬你一杯中国好茶。

小罐茶，大师作。

单元二   撰写宣传片

一、撰写企业宣传片

企业宣传片是由企业自主投资制作，主观介绍自有企业主营业务、产品、企业规模及人文历史的专题片。企业宣传片是随着中国广播电视技术的发展，特别是市场经济的发展而出现并日趋繁荣的。中国第一支企业宣传片出现在何时何地，尚缺考证资料，但以其肯定出现在 1979 年中国第一支企业广告片之后推算，企业宣传片在我国发展时间最长不过三十几年。但因其强大的传播作用，现已成为政府、企事业单位传播中不可或缺的重要工具。

企业宣传片拥有相对独立的技术和专业特点，与其他摄影门类最显著的区别是它兼具商业和文化的双重属性。因此，企业宣传片的成功与否，根本上取决于它对于商品的销售所起的作用有多大，因此，用纯艺术、纯审美的眼光来审视企业宣传片、要求企业宣传片并不完全恰当。无论是在创作，还是鉴赏一幅企业宣传片作品的时候，牢记企业宣传片的身份——它终究是商品销售环节中的一环，简言之，吸引消费者、帮助企业营销是它的第一任务。

一个优秀的企业宣传片作品，可以被视为消费品的一张生动名片，成为广告传播的一种非常有效的手段和媒介。值得一提的是根据宣传片的作用不同、时长不同，通常展会播放的宣传片不宜超过 5 分钟，这样观者不容易引起视疲劳。专题片、介绍片时长可以适当延长一些，一般不超过 10 分钟。

在宣传片文案的写作上有些企业主重视逻辑事实的陈述，可以在企业发展、荣誉成就等方面层层推进，帮助人们理解企业与品牌。以威普电器的宣传片文案为例，自 2008 年以来，无数企业开始从 OEM 走向品牌崛起之路，并在多变的市场大潮中不断进行迭代升级，威普电器就是家电行业的一个标杆。在宣传策略上，威普电器选用了较为传统的格式，从品牌、产品、文化等多方面一一铺陈、面面俱到，将企业介绍给大家。

（开篇）威普电器，大品牌，值得信赖。

一、品牌篇

2010 年，被誉为"家电行业奥斯卡"的中国家电产业十大评选颁奖典礼，再次写下浓重的一笔。经过层层选拔和激烈的角逐，浙江威普生活电器有限公司从 1375 个报名企业中脱颖而出，为不平凡的一年画上圆满的句号。

追寻成长的足迹，感受品牌的魅力。

1999 年，威普电器诞生在中国的"厨具之都"——浙江省嵊州市。

2003 年，公司荣获浙江质量信得过产品称号，开始快速发展。

2005 年以来，公司相继斩获多项殊荣，一路高歌。

2009 年以来，由著名演员陈好、著名主持人刘仪伟、方琼代言的广告，持续在中央电视台投放，引起较大反响。

从诞生的那一刻开始，威普电器就坚持以品牌经营为核心理念，知名度、忠诚度、可信度、美誉度等多项指标均居行业前列。

十年磨一剑，成就威普大品牌。

历经 10 余年发展，威普电器发展成以生产经营中高端厨房电器和家用燃气热水器为核心的企业，旗下拥有五金、电子、模具、冲压、太阳能等主要配套分公司。

2011 年，"十二五"开局第一年，威普电器再次成为焦点。新落成的生产基地投资达 1.28 亿，占地 120 亩（1 亩 = 666.666 67 平方米），折射出一个企业的发展胸襟，为新的跨越发展奠定了新坐标。

二、创新篇

品牌崛起，创新为先。

从设计、研发，再到制造，威普电器将创新意识融入每一个环节。

截至 2010 年，威普已获得多项国家专利。

在这里，3 万多平方米自主的现代化标准厂房和多条生产流水线，为精品的打造提供保障。

在这里，先进的实验室及专业检测设备，将安全理念进行到底。

在这里，50 万台的年生产能力有力地支撑起品牌的架构。

通过创新的技术和卓越的品质，威普电器正引领一场全新的生活方式。

吸油烟机系列：

突破性的传统美学艺术，针对使用环境的实际需求，来满足近、洁等功能元素，让你的厨房倍增完美。

燃气灶系列：

采用独一无二的顶级奢华配置，整体拉伸全不锈钢底壳，纯铜底座，超强火力，为厨房生活带来不一样的想象。

消毒柜系列：

两大专利技术，既有效增加内部容量，又可防止腐烂生锈，延长使用寿命。

热水器系列：

多重智能温控，让您随时享受原生态的沐浴。

水槽系列：

采用优质不锈钢材质整体拉伸，抗氧化能力强。智能人性台控，存放水更方便。

取暖器系列：

以无限创意与人性科技，打造六项领先技术，让您的生活时刻如沐阳光中。

三、文化篇

在引领厨卫革命的同时，威普电器更以独特的企业文化创造不一样的市场价值。

一直以来，威普公司坚持双赢共处，为员工谋幸福，为合作伙伴谋发展的合作理念，形成了以战略和终端辅导式营销为核心竞争力，战略目标清晰的学习型、尊重型和竞争型诚信企业。

作为低碳经济的有力推动者，在绿色节能产品的研发和制造领域，威普电器走出了生动的实践。

2011年，威普电器与慧聪网携手举办了"中华行"系列活动，让大江南北的人们再一次感受到威普品牌的魅力，有效实现了品牌与大众的沟通和对话。

品牌延伸，渠道制胜。伴随稳健而有节奏的步伐，威普电器的营销网络遍布全国各地。

四、未来篇

昨天的不断超越成就了今天的威普，今天的威普必将为更高的经济舞台蓄势待发。

2011年，威普电器确立了以厨房电器为研发重点，市场营销为核心，以"一年上亿""三年三个亿""五年上市"为发展目标，以"速度、质量、服务、价值"为新的经营理念。

秉持"诚信与感恩"的核心价值，威普电器将实现员工价值、顾客价值和企业价值的快速增长，用五年再打造一个新威普！

威普电器。

随着品牌的成长、市场的成熟，不少企业的宣传表达会开始弱化写实，侧重艺术表现，通过无形资产、文化、情怀等输出价值观，传达品牌态度，达到与受众沟通的目的。如威普电器后期的宣传片文案将焦点放在大众需求，放在"人"身上，通过背后企业精神、品牌态度的探索来展示企业的人格魅力，结构上更紧凑，文风上更加感性。

（案例：威普电器）

大时代下，

如何让人与厨房展开对话？

如何让最初的厨房理想与信息社会更为默契？

威普相信，大时代往往源自细微的感知和对待。

从第一台抽油烟机开始，威普便与城市脉搏一起跳动。

15年来，威普致力于打造家电大品牌。

从积聚力量到释放潜能，从制造到创造，

布局在不断延伸，荣誉在不断刷新，

厨房梦想又一次变成了最为真实的注视。

每一次伟大的尝试，都从图纸开始。

威普虔诚地对待每一个产品，

通过细节的设计贴合中国人生理曲线的下厨角度，并让美学平衡恰到好处。

出色的外观设计更来自坚固的核心结构，以及永不褪色的材质。

既要经得起全面考验，更要经得起时间锤炼。

从设计、研发，到制造、检测，

你看到精准，看不到背后的苛刻；

你看到品质，看不到背后的历练；

你看到的是高效，威普看到的是一丝不苟；

你看到的是一件件产品，威普看到的是产品背后的你、我、他。

为了让厨房生活更简便和安全，

威普用全方位的考验打消人们方方面面的顾虑。

甚至只需轻轻一按，一切随意而来。

感性的时尚，理性的科技，

每一款产品，都是一次跨界的融合和表达。

多年来，威普积极与绿色接轨，并同步自身营销服务体系的完善，

用最大努力满足人们最小的心愿。

时间洗礼，风景被一一定格。

在时代的巨大惯性面前，威普始终坚守：

产品与人品同在，信誉与生命共存。

相信创新的力量，相信品牌的力量，相信口碑的力量。

世界上有很多产品形态，却只有一种根本的姿态。

大时代下，

威普不仅仅是品质的打造者，更是出众生活的造梦师。

二、撰写产品宣传片

产品宣传片是公司对外宣传自身品牌产品的形式之一，采用电影电视的制作手段，展现产品主要功能、设计理念、操作便捷性等方面。目的是声色并茂地凸现企业独特的风格面貌、彰显企业实力，让社会不同层面的人士对企业产生正面、良好的印象，从而建立对该企业的好感和信任度，并信赖该企业的产品或服务。

产品宣传片中一般包含产品的性能、机理、特性等，用途广泛。可以作为电视广告片发布，根据需要随意剪辑成不同的时间长度在影视媒体上发布，在企业召开产品推介会、新闻

发布会等集会上更是发挥着独一无二的推广作用。可以作为新员工培训的一部产品详解片在企业内部培训使用。可以分发、邮寄给企业的客户或者有意合作的潜在客户，让客户在深入了解企业或者产品的基础上增加对本企业的认知度和信任度，从而为下一步合作打下良好的基础。

产品宣传片文案的写作常常配合极富说明的生动画面，在最短的时间内将信息完整准确地传达给消费者，快速赢得消费者的好感。当产品具有独特的功能，尤其一些电子产品和高新技术商品，其复杂的技术指标和全新的功能感受不是三言两语就能全部阐释清楚。这时直观的产品宣传片将需要说明的部分用旁白、字幕、同期声等形式带出，能配合画面发挥传播优势。

在具体的写作结果上，用于销售目的的产品宣传片，人们购买行动常常出于情绪的因素，需要运用合乎逻辑的理由来使他们的购买行动理性化。可以采用宗教式逻辑结构：

诱因——一个震惊的声明或故事来吸引注意力。

问题——把焦点扩散，将消费者正有的此类问题列举出来。

解决——提供解决方案，摆出产品，陈述卖点。

利益——陈述实施这些解决方案的好处、价值体验、多方见证。

号召——行动起来，让更多人来体验。

在进行创作时，可以在此结构基础上，灵活变形和运用。

比如弘和安防科技宣传片，在介绍其产品的时候就运用了这个结构，通过场景化的体验激发消费者需要，强调"主动安全"的理念和产品的三大卖点。

诱因——被动安全时代，开车门事故不断。

问题——开车门与电动车相撞；车内财物丢失；忘记拔钥匙。

解决——集三重功能于一体，弘和安防产品问世。

利益——产品带来的三大好处。

号召——将安全意识化为自觉行动。

~~~~~~

（案例：弘和安防科技）

在一个"被"安全的时代，

即便牢记安全驾驶的每一个条例，突发事件仍然让人措手不及。

开车门，一个生活中再简单不过的动作，

从来没有像今天这样受到关注。

风险就在你我身边，

开车门所引发的连锁事故，不断刺激大众神经，这是对安全意识缺失的另一种考量。

一系列悲剧告诉我们：开车门，也是一种责任。

生活中有太多始料不及的风险，犯罪分子遥控干扰锁车门，让有车一族防不胜防，

人们丢失的不仅有财物，还有内心的安全感。

现实中，随着工作压力的加大，人们变得容易遗忘，让煎熬的心情再次升级。

改变源于觉醒。

随着时代的呼唤，集三重功能于一体的弘和安防产品横空出世。

多项自主专利，产品各项指标成熟，并可以根据各种车型单独或配套使用。

有了它，人们畅享驾乘，再无后顾之忧。

有了它，人们进入一个主动安全的时代。

选择弘和安防产品，就选择了信任与放心。

当打开车门时，

提前的车外双跳示警和车内的视听警示技术以及延时开车门技术，

让忙碌的人们如同有了细心的安全管家。

当锁车门时，锁到位检测技术，杜绝外部干扰，让人们高枕无忧。

当离开车门时，钥匙在/离位检测技术提醒您拿好钥匙。

态度决定命运。

习惯左右人生。

将安全意识化为自觉行动，安全文明，就在你我身边，

它离我们也许只有 0.5 秒的距离，也许不到 1 个车门的宽度。

其实，安全文明，就在你我心中。

三、撰写路演宣传片

狭义的路演是实现创业者与投资人零距离对话、平等交流的一种重要方式，可以促进创业者和投资人的充分沟通和深入了解，最终推动项目的融资进程。广义的路演还包括创业、招商、招聘、IPO 启动以及任何一对多的对接、分享、展示呈现等。

一直以来，路演大多采用 PPT 的形式进行讲解，路演内容和商业计划书的内容一致，包括企业概况、主营业务、项目价值、项目核心竞争力、商业模式及盈利模式、合作伙伴与背书、成功案例、团队、文化、愿景等等，信息全面但仍然不够直观和生动，而路演宣传片能通过音画旁白的结合，在有限的时间里充分运用紧凑的影视语言来传达信息、感染受众，往往起到事半功倍的效果。

路演宣传片是路演的神助攻，结合音画旁白的气氛烘托，提供一些现场展示外的内容和情绪。相信大家都听过这样一个故事：有一位哲学家到一个建筑工地，问三位正在工作的工人："你们在干什么?"第一位工人说："我在赚钱养家。"第二位工人说："我在砌墙。"第三位工人说："我在建百年神殿。"三个工人分别为不同目的工作：第一个为了谋生而工作，第二个为了尽责而工作，第三个则为理想而工作。三个工人格局不同，最后得到的结果也就不同。因此，通过宣传片文案把企业背后的情感真实地呈现出来，将很容易俘获投资者的心。

具体的文案写作，可根据企业所处的阶段、拥有的信息素材、路演的目的进行创作。

1. 概念期路演宣传片

很多项目在路演时还处于前期概念阶段，看不见摸不着，仅仅依靠路演并不能表示清楚。而影视的魅力则是调用音、视、画等多种手段，化抽象为生动，把抽象的商业模式有层次、有条理地说清楚，把未来呈现在眼前。

例如酒泉信息港是一个极具战略高度的项目，做宣传片的主要难点有以下几点：

（1）概念孕育期，需要把抽象的商业模式有层次、有条理地说清楚。

（2）信息量庞杂，且跨越时空。

（3）需要具有全球视角和政治高度。

（4）体现出项目划时代的里程碑意义。

最后宣传片文案充分利用史实，把信息港想象成新大陆。然后通过好望角和第一台计算机的诞生进行衬托。把信息港的诞生涉及的政治、经济、文化、资本、国际、地缘、易货贸易等板块进行划分述说，并且采用递进的叙述方式，环环相扣，开放式的结尾通过具有画面感的文字再现未来。

（开篇画面：漫无边际的沙漠，人类艰难地跋涉、探索，寻找绿洲）

【时间轴：1487年，好望角的发现，引发欧洲乃至世界工业革命】

【时间轴：1939年，世界第一台电子计算机的问世，催生了互联网产业】

这是一个经济乱象的时代，沿袭与探索交织；

这更是一个跨界整合的时代，颠覆与变革当道。

今天，当经济舞台的追灯再次定格酒泉，一个划时代的创举正拨动着创业者的心弦！

这是一次古老与年轻的对话，更是一次新经济的激活与创新。

大变革、大数据、大发展、大融合，酒泉顺时应势，一座宏伟的现代电商交易城市，即将拔地而起！

酒泉国际物流信息港，实现上游整合，下游盘活，再塑"西北渔王"新形象，创建绿色、有机、环保"大农业"新品牌。围绕"一带一路"倡议，撬动生态链条，解决产能过剩和农副产品"最后一公里"民生难题。

项目发起方甘肃万聚集团，拥有雄厚经济实力和广泛社会基础，不但与央企龙头中水渔业携手缔结战略合作协议，还是欧洲中小企业商业联盟的一员。同时，更是"一带一路"链条重点扶持和发展企业，从而赢来一批卓越的忠实客户。动议初期，得到政府、金融企业、军区、阿里物流的频频关注，一系列重大部署即将落户……

【字幕：20万亩水域、国家级科研机构和国家专利、三家上市公司、中国人保承保】

【字幕：兰州军区、酒钢集团、酒泉卫星基地、玉门油矿】

【字幕：亚马逊拟建立培训中心，中水渔业陆上冷链物流】

历经沧桑，洗尽铅华，昔日丝路重镇，缘何大放异彩？

（政治的必要性）酒泉，自古就是兵备要塞。历史使命，责无旁贷，使酒泉成为反恐的前沿和"桥头堡"，战略地位举足轻重。

（经济的迫切性）中央的"一带一路"倡议，意在贯通东西，实现产能、资本的输出。酒泉，将成为亚欧大陆东西方向最为便捷的通道和咽喉。

（文化的传承性）敦煌艺术的故乡、航天科技的摇篮、石油工业和核工业的发祥地、丝路文明的起点，讲不完的故事，将赋予它无穷的魅力。

资本市场，拼的就是实力。资本，从何而来？

方案一，借壳上市。通过上市公司重组，实现"弯道超车"，在A股市场募集资金3~4亿元。

方案二，境外买壳，异地上市。通过在英国上市，吸引境外资金投资、参股。

方案三，风投基金。

方案四，卖预期，以免费电子商城，吸纳民间资本。

然而，这一切的一切仅仅是我们资本运作的一部分。

我们还将站在更高的高度，抢占先机，通过大合作的模式，下一盘资源整合的大棋。

今天，我们通过斯里兰卡华人总商会和其政府建立良好互动关系，拟买下斯里兰卡最大海湾 Puttalam（扑达拿）。斯里兰卡是"一带一路"倡议中的重要一环，在政治上辐射周边，在经济上与中国优势互补。目前，是我国重点投资热土。

【画面：全亚洲最大码头、机场、医院、高速公路、水电等】

2014 年，习近平率团访问斯里兰卡，揭开战略合作新篇章。克拉运河的开凿，更起到重要的战略意义。

更牵动人心的是，以斯里兰卡和酒泉为链接，一个集资本运作、资源整合、物流、信息于一体的商圈正在形成。每个区域都发挥各自的战略优势，互为补充，相辅相成。越来越多企业的加入，将为酒泉信息港提供源源不断的动力。

【斯里兰卡国际渔港→马来西亚热带渔港→海南鱼苗中心→深圳资本→舟山渔港→上海杭州物流发货→酒泉（丝路经济文化带、矿藏、鱼、农副产品、结算系统）】

这是一片炙手可热的绿洲。如果说，20 世纪 90 年代初期被视作一个易货业腾飞的阶段，那么，21 世纪将是中国易货经济增长的黄金时期。

【字幕：据国际互换贸易协会 IRTA 预测，在未来 5 年内，易货公司的客户数量将翻一番，5 年后在此基础上再翻一番——平均年增长率达 15%】

地球村正在形成，谁能洞悉未来，谁就将影响世界！

【特效字幕：数据构筑商业，流量改写未来。"一带一路"，新经济，新思维，大变革、大数据、大发展、大融合，跨界整合，强大管道，几何倍增，王牌阵营，模式制胜，价值再造，线上线下，利益捆绑，商机引爆，石破天惊，酒泉崛起】

酒泉，我们期盼着……

2. 成熟期路演宣传片

当企业进入快速发展期会出现招商需求、人才需求、融资需求等等。路演过程可提供的素材多而全，往往也容易让观者在接受海量信息中产生审美疲劳，视频可配合路演提供一个概念，结合声画，达到更好的营销效果。比如万聚渔业，采用问句的形式开头，激发用户好奇心，并用几组数据用字幕的形式展示企业的实力，强化了核心竞争力，然后提出自己的使命，并在结尾与开头做呼应，再次强调主题，提炼、传递出了鲜活时代的概念，让企业深入人心。

真有这样一个地方吗？

鱼类中的"软黄金"在此安家落户。

真有这样一个地方吗？

鱼类中的"活化石"随处可见。

（中国唯一的白斑狗鱼全人工繁育基地）

（西北最大的亚冷水鱼繁养基地）

（极品史氏鲟养殖）

心存天地，万物有源，

丝路重镇——酒泉，

一个科技资源型企业开启一个鲜活时代。

你看见祁连山的美，我们看见水质的天然；

你看见水面的浩瀚，我们看见水底的丰饶；

（20万亩水库）

你看见鱼类的珍稀，我们看见繁育的珍贵。

（第一个实现了亚冷水鱼在高原盐碱水域的养殖）

世界上不缺养殖，只缺对养殖的专注。

因为这份专注，我们从注册资本60万发展到资产评估6个亿的企业集团，

资产放大1 000倍。

也因为这份专注，我们完成了三家企业的挂牌上市。

（从2002年到今天，发展速度曲线图）

（酒泉万聚、金塔万聚、嘉峪关万聚在甘肃省股权交易中心挂牌上市）

你也许看得见数字和速度，看不见背后的专业和态度；

也许看得见智慧成果，看不见背后的锲而不舍。

（中国水产科学院基地）

（荣誉成果）

（累计荣获国家、省、市科技奖项30多个）

盛名之下，我们更在乎与环境的默契，与生态文明、和谐社会的融合。

我们提供的不只是鲜活的鱼类，更是中国人健康生活的梦想。

（举办的各种活动素材）

用我们的产品，让人们生活得更健康、更幸福。

用健脑护心的优化蛋白健康你，成就我，造福社会！

世界上有很多第一，却只有一种唯一。

未来3年内，我们将围绕"渔产业"，大做"水文章"，新建以休闲度假为主题的"鸳鸯湖水上公园"项目、以科普教育为主题的嘉峪关"长城水族文化宫"项目、以亚冷水鱼养殖为主题的疏勒河流域"工厂化渔业科技园"项目。全部项目建成，将彻底改变西部缺水少鱼的现状，极大地缩短东西部差距，年销售收入将达到3亿元以上。

世界上有很多种美味，却只有一种鲜活。

（特效字幕：西北独家、生态农业、循环经济、缩小东西差距，年产值将达3亿元以上，

从西部走向全国）

为鲜活而生，我们奉献的不只是现在。

万聚渔业（特效字幕不断汇聚，形成Logo）

~~~~~~

拓展学习 ▰▰▰

视频营销技巧

对于同一个品牌而言，短视频创作可以有多个切入点、多种风格、多种文案写法。但创作离不开品牌架构，更离不开营销体系。视频营销要持续不断地进行，避免呼啦圈效应，即忽然间流行，忽然间消失。那么如何找好切入点？如何把握好视频节奏呢？

比如New Balance继李宗盛致匠心后，根据市场的热度反馈，又推出了名为《每一步都

《算数》的短视频，更深一层揭示它背后的心路历程和内心的独白。

再比如农夫山泉，先后推出《寻找莫涯泉》《施工中的挑战》《设计以自然为本》《做森林的过客》《一个人的岛》《G20峰会篇》等宣传片，层出不穷。在你快要淡忘它的时候，又有新的视频出现了，继续俘获你的眼球，走入你的内心。短视频通过不同的人从不同角度进行讲述，透露出浓浓的生态和人文关怀气息。让人明显感受到，一切都是为了诚信，一切都是为了品质，从而让品牌形象立体饱满，堪称视频营销+内容营销的典范。

视频营销的节奏没有统一的规范，需要与品牌营销体系一脉相承。根据品牌发展的生命周期，常见的有以下几个阶段（仅供参考）：

（1）造势，树立品牌高度。

——展示品牌产品最大长处，直白描述，产生印象。

这一阶段属于概念导入期，对于后期推广起着决定性作用。在品牌构建初期，更需要直接提出概念，强化产品优势与差异性，以高区别、高传播的形象识别来完成认知期的传播任务。这一阶段，让受众直观地了解品牌及产品，告诉别人：我来了。同时，为下一阶段埋下伏笔。

（2）亲和，强打品牌功能及利益。

——概念提升期，创造趋势，微观呈现。

在导入期之后，有一个相对较长的低速阶段作为品牌和品类的孕育期，让受众有机会缓慢而且充分地了解品牌和品类，深入认识其价值。与此同时，品牌培养出第一波忠诚而成熟的顾客，他们会逐渐影响和带动一波又一波的消费人群，为品牌不断创造顾客。

通过第一阶段的宣传，品牌已经吸引了越来越多的关注，因此，这一阶段应乘势出击，进一步地深化挖掘，将层层面纱揭去，展现一个完整的品牌概念。

在宣传片创意上应侧重人性化诉求，人物将成为视频的主角。

（3）绽放，为品牌注入热销概念。

——高速发展期，持续加大投入，将品牌塑造成热销的英雄。

该阶段将以口碑营销为主。除了视频营销，最重要的是公关传播和软性宣传。

（4）巩固，与消费者深度沟通。

——品牌的巩固和升级阶段。

该阶段，形象的塑造便成了重点，升华品牌内涵，提高品位，努力塑造国内知名品牌，以更加开放大气的姿态展现在世人面前。同时，品牌升级，新品迭代，孕育新的增长点。

以上属于通用的思路框架，现实中需要灵活运用，可以是四阶段，也可以是三阶段，千万别拘泥于某一局部。

任务实训

POP MART（泡泡玛特），是成立于2010年的潮流文化娱乐品牌，旨在以"创造潮流，传递美好"为品牌使命，成为全球领先的潮流文化娱乐公司。十余年来，泡泡玛特联合全球范围的潮流艺术家共同打造了一系列行业顶级的潮玩IP，以丰富的IP产品线覆盖潮流玩具市场，推出多种产品形态，并以IP设计为核心打造衍生品类。

泡泡玛特希望通过不同的IP形象来表达年轻人多元的审美和不忘玩心的生活态度，以潮流玩具为载体，让潮流跟艺术文化能够触达到多数人的生活。我们希望泡泡玛特品牌的存在能够将美好具象化，让年轻人感受到 IP 跟潮流玩具的彰显个人审美、自我陪伴、愉悦心情、疗愈情绪等无形的美好价值。

当今玩具的价值意义早已变化迁移，不再局限于儿童的特权，但因为潮流玩具并非功能性产品，一些非泡泡玛特用户无法理解潮流玩具的意义，无法感知泡泡玛特的品牌理念以及泡泡玛特试图提供的情绪，泡泡玛特邀请年轻人们一起共同探索潮流玩具的多元价值，制作宣传片一则，对泡泡玛特的品牌价值及理念进行创意阐述及传达，诠释泡泡玛特潮玩的价值和意义，帮助目标群体建立对泡泡玛特的品牌理念及价值的清晰感知。

请完成下列任务：

1. 根据以上信息，提炼品牌诉求及广告目的。

2. 根据广告主题，制作有记忆度、传播度且能引起观众共鸣的宣传片，要求体现泡泡玛特与潮玩的关联性，向目标群体传递泡泡玛特的品牌理念，视频风格、视觉画面类型不限，时长 3 分钟。

创新创业案例

撰写电商文案

案例导入

前些年的票房黑马《你好，李焕英》一剧中有个细节很"复古"：听说新进了电视机，李焕英立马拿着宝贵的电视机票冲进供销社，发现前面已经排了不少人。在那个没有社交媒体的时代，遍布全国的供销社和小卖部就是人们购物的主要渠道。随着社会经济的发展，购物的渠道开始多元化，超市、百货商场、电子商务的出现给了人们更多自由购物的机会，让购物有了休闲的属性。2008 年，随着刘强东拍板定音，国内电商第一个线上大促活动——京东"6·18"秒杀活动正式上线。受限于技术和认知，最开始的"6·18"促销活动十分简单，玩法以秒杀为主。随后 2009 年，淘宝也推出了"双十一"购物节。在竞争愈发激烈的电商大战中，为了争夺消费者的注意力和消费力，商家各出奇招，电商广告也开始出现了新颖的形式，不断加深受众对广告的印象。

例如前些年，京东为了"超级品类日"活动，推出了系列家电文案。一如京东家电文案的惯用风格，这次京东仍然将"生活哲理""年度热词"与产品特性结合起来，再用风趣幽默、拟人等方式呈现出来。在嬉笑怒骂中，讲述生活的真理，也让消费者被文案吸引过来，从而实现带货的目的。

【思考】

1. 电商文案有什么独特之处？
2. 你平时会被什么样的电商文案吸引？

学习目标

知识目标

1. 理解电商文案的内涵
2. 掌握电商文案创意写作的思维模型
3. 掌握不同形式电商文案的写作方法和技巧

能力目标

1. 能够借鉴与模仿优秀电商文案的写作思路
2. 能够根据不同平台的特性调整文案风格，撰写不同形式的电商文案

素质目标

1. 培养良好的审美观，形成独特的创意视角和审美能力
2. 培养持续学习的习惯，关注电商行业动态和文案创作的新趋势
3. 增强职业操守，确保文案内容真实、合法，积极传播正能量

单元思维导图

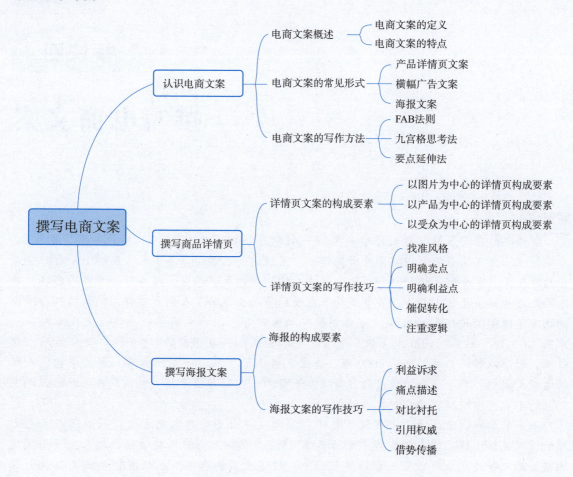

单元一　认识电商文案

在中国古代，文案又称作"文按"，通常包含多种意思。一种是指物，亦作"文按"，包括官署中的公文、书信，以及放书的桌子，甚至桌上的相关物品，如笔筒、笔洗、笔添、笔架等；另一种则是指在桌子上写字的人，如古代官衙中负责掌管档案、起草文书的幕僚，即在桌子上写字的人；另外也指官署中的公文、书信等，即公文案卷。如《北堂书钞》卷六八引《汉杂事》："先是公府掾多不视事，但以文案为务。"

时代发展到今天，"文案"被赋予了新的含义。现代文案的概念来源于广告行业，是"广告文案"的简称，常以文字的形式来表现广告信息，包括广告标题、正文、口号。作为目前主流的宣传手段之一，文案被广泛应用于商业领域，通常指企业中从事文字工作的职位，或以文字来表现已经制定的创意策略。

不同的文案适用于不同的场景，具有不同的用途，随着媒介形态的变迁，新媒体受到越来越多商家的追捧。要想在众多信息中脱颖而出，达到理想的营销效果，文案人员亟须系统地学习新媒体文案的相关知识，掌握新媒体文案创作与传播的方法以充实自己的知识库，应对不可预测的各种挑战。

一、电商文案概述

（一）电商文案的定义

电商文案是新媒体文案的一种，是服务于电子商务领域的商业文案。近些年，随着电子商务不断发展，电商文案既传承了传统文案写作的特点，又有其独特的写作要求。电商文案是一种艺术创作，也属于经济活动的一部分，成功的电商文案能依靠卓越的文字表现力，描绘出美好的产品形象，提高产品的转化率，最终促进交易的达成，因此电商文案水平的高低，直接影响着受众的购买意向。

（二）电商文案的特点

电商文案传播的主要阵地是互联网，由于网络媒体是基于数字技术的传播方式，从形式到内容都与传统的广播、电视、报刊文案有着明显的不同，因此电商文案的写作呈现出自身的特点：

1. 销售目的更强

电商文案是一种销售性质更强的文案，它的主要目的是通过信息的有效传递对受众起到告知、说服作用，最终影响消费者产生购买欲望，作出购买决策，提高广告主销售量，帮助广告主争取最大利润。比起在传统媒体上投放文案，电商的平台属性让品牌从曝光到用户点击、下单、发货、签收、分享形成了一个流量转化的闭环，这让电商文案比起传统文案在构建品牌内涵、建立消费者忠诚度等传播目的外，表现出更加显性的销售目的。电商文案需格外注意使消费者快速了解产品信息，明白产品与自身利益的关系，进而高效地完成商业转化。

2. 社交属性更强

电商文案更具网感和互动性。互联网是去中心化平台，信息传播的结构模式由"树状"传播发展为"网状"传播，因此基于互联网的电商文案不再是单向输出，用户、其他品牌都可参与到传播过程中。电商文案在创作过程中不仅要考虑到如何引发消费者的阅读兴趣，还要让人在读完之后产生分享给他人、再创作的冲动。

3. 表现形式更多样

文案结构上，传统文案的基本构成包括广告标题、广告正文、广告附文、广告口号四个组成部分。电商文案因自身传播媒介的限制和传播效果的考量，在结构上更加自由，比如有些电商文案无标题，有些则无正文，只有口号等。

表现形式上，网络世界是由画面、文案、声音共同组合而成的五彩斑斓的世界，给了广告人更多的创作空间。传统的广告文案主要通过文章内容或图文并茂的形式进行传播，是静态的，电商文案拥有更加丰富的内容表现形式和传播途径，是动态的，在文字外，还能通过视频、音频、H5、超链接等网络元素，丰富文案内容，从而使文案更具吸引力。

4. 语言风格更接地气

与传统文案相比，电商文案的语言风格更通俗易懂。人的大脑天然抵触复杂的信息，因为加工它们需要更高的成本。而在互联网环境的浸润下，受众也养成了阅读碎片化信息、"轻"文章的习惯，使用通俗易懂、幽默有趣、便于阅读的语言可以帮助受众提炼和简化的信息，更容易被受众接受，传播的成本也会更低。同时，电商文案的语言风格也更简洁明了。在互联网环境下，受众对一篇文案的平均关注时间是非常短的。因此，对于电商文案而言，为了方便消费者的阅读、理解和记忆，在有限的篇幅下言简意赅地表达出产品的特点可以提升广告信息传播的有效性。此外，电商文案的语言风格往往更新颖前卫。电商文案需要符合网络媒介的传播风格和爱好，常常通过使用网络中流行的新词、热词来吸引消费者的关注，风格更轻松、更自由、更开放。

二、电商文案的常见形式

文案的价值在于传递产品的价值信息，一个优秀的文案，可以让目标消费者对产品的认知从无到有，并逐步升级，从而为后续的市场推广、产品销售创造良好的条件。对于电商文案创作者来讲，理解电商文案的类型十分重要，不同类型的电商文案，其写作方法及应用场景也不同。根据电商文案的不同功能，我们可以把电商文案分为展示类、品牌类和推广类3种类型。

展示类电商文案是电商文案中最常见的一种文案类型，目的是展示和宣传产品，并促使消费者尽快作出购买决策，主要形式有产品详情页文案、横幅广告文案、海报文案等；品牌类电商文案主要是通过企业的品牌建设和宣传来促进产品的销售，主要形式有品牌故事；推广类电商文案主要用于对企业及其产品或品牌进行宣传推广，使产品或品牌被更多人知晓，并产生一定的经济效益，其中影响力较大、传播范围较广的当属微信和微博，其他常见的还有视频直播平台、社群等。

（一）产品详情页文案

产品详情页文案是指在淘宝、京东商城或其他电子商务平台中，商家借助图文结合的形式展示所售产品的功能、尺寸、大小、性能特点等具体信息，并体现出产品优势和亮点的文案。产品详情页文案是电商文案的一个重要类型，其内容呈现的角度和吸引力强弱直接关系到受众的购买转化率。如果产品详情页文案符合受众的喜好，满足了受众的需求，就能大大提高受众的购买概率。图4-1-1所示为产品详情页（节选）示例。

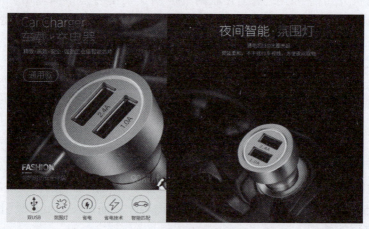

图4-1-1　产品详情页（节选）示例

（二）横幅广告文案

横幅广告文案是最早的互联网广告形式，也是电商文案中一种常见的文案类型，一般以JPG、GIF等图像文件的形式出现在网页、频道、子频道等各级页面或文本页面的最上方，以吸引眼球，表现广告的内容。当受众点击横幅广告时，通常可以链接到产品的广告活动页面，为产品与店铺带来流量。图 4-1-2 所示为网易首页横幅文案示例。

图 4-1-2　网易首页横幅文案示例

（三）海报文案

海报文案是以一张图片的大小为基准设计的电商文案，非常适用于移动端。其主题灵活，写作方法比较自由，可以是一句简短的广告宣传语，还可以是具有创意性的文案设计。促销文案、产品上新文案以及节日宣传推广文案常以这样的形式出现。海报文案更加符合当下的网络文化风尚，传播方便，能为商家带来更多的流量。图 4-1-3 所示为海报文案示例。

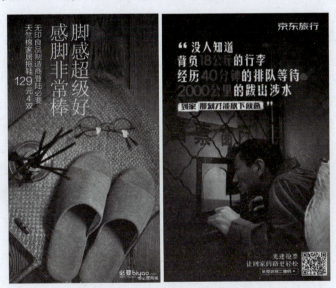

图 4-1-3　海报文案示例

三、电商文案的写作方法

电商文案需要在有限的篇幅中展现产品卖点，如产品质量、设计、包装的优点等。挖掘并突出产品卖点，能够更快速、高效地在海量信息中抓取注意力并成功完成销售转化。电商文案创作者可以借助电商文案创意写作的 3 种经典思维模型，迅速地搭建电商文案的写作框架。

（一）FAB 法则

产品卖点是产品能够脱颖而出的关键，卖点既可以是产品与生俱来的特点，也可以是通过创意与想象力创造出来。运用 FAB 法则可以帮助文案写作者快速聚焦产品优势与特点，提高提炼产品卖点的效率，打造出最佳的消费理由，快速引起受众强烈的购物欲望。

FAB 法则，即属性（Feature）、作用（Advantage）和益处（Benefit）法则，它是一种说服性的销售技巧。其中 F 代表产品的特征、特点，是产品最基本的功能，主要从产品的属性、功能等角度来进行潜力挖掘，如超薄、体积小、防水等。A 代表产品的特征发挥的优点及作用，需要从受众的角度来考虑，思考受众关心什么、受众心中有什么问题，然后针对问题从产品特色和优点角度来进行提炼。例如，产品方便携带吗？电池耐用吗？B 代表产品的优点、特性带给受众的好处、益处。叙述时应该以受众利益为中心，强调受众能够得到的利益，以激发受众的购物欲望，如视听享受、价格便宜等。

当然，我们也可以简单地将 FAB 理解如下：F 代表产品有什么特点，其特色是什么；A 代表产品的特点、特色所呈现出来的作用是怎么样的；B 代表产品具体能给受众带来什么利益。

以一款不锈钢炒锅为例，该炒锅由具有良好耐热性、耐蚀性的 304 不锈钢制作而成，钢体结构有 7 层，包括最底层的菱形纹蜂窝不粘层和纳米钛黑生物膜，由此让这款炒锅的不粘锅和无烟效果达到全新的高度。这是因为在蜂窝保护层的分隔作用下，减少了食物与锅面的接触面积，从而形成了气体悬浮，达到了真正的自离式不粘锅。通过 FAB 法则进行分析后，可得到的信息为 F——材料优质、工艺先进；A——不粘锅、少油烟；B——易清洗、健康节能。

（二）九宫格思考法

九宫格思考法能够帮助文案写作者发散思考，是一种帮助创意产生的简单练习法，可用于构思电商文案写作方案、企划案和演讲 PPT 结构等多场合。

九宫格思考法首先需要绘制一个正方形，然后将其分割成九宫格，并在中间方格内填上产品名称，并扩充九宫格中其他 8 个方格内的内容。比如可在其他 8 个方格内填写所能想到的有助于销售的产品优点（卖点），不用刻意思考优点之间的关系。也可以以产品为核心围绕品牌名称、产品功能、产品获得的荣誉、产品外观等方面的优势进行罗列，还可以以消费者为核心，写出消费者画像、消费者需求、消费者痛点等构思电商文案的创作要点。图 4-1-4 所示为九宫格思考法的使用示例。

优点	优点	优点		功能	荣誉	数量
优点	产品	优点		价格	产品	技术
优点	优点	优点		材料	外观	质量

图 4-1-4　九宫格思考法的使用示例

以某取暖器为例，该款取暖器使用蜂窝快热型电暖气片，整体升温，达到恒温只需 6 秒，不会散发异味。使用过程中没有噪声，比其他同类产品功耗更低，可以遥控调节功率，使用方便。无棱角设计，不易磕碰，有防烫罩和 30 度倾斜断电保护，使用安全。可作为烘衣架使用，烘干衣物耗时短，并具备空气加湿功能。

在运用九宫格思考法时，可提取该产品的卖点，如图 4-1-5 中——分析取暖器的卖点，再与市场上的同类产品电商文案进行比较，就可以创作出一个有吸引力且与众不同的电商文案。

（三）要点延伸法

得出核心卖点后，还可能需要对卖点展开具体的叙述。

要点延伸法是一种将产品特点以单点排列开来，再针对单点进行展开叙述的方法，得出核心卖点后，还可能需要对卖点展开具体的叙述。运用要点延伸法能丰富文案的素材、观点，为文案提供资料来源，使文案内容更加详细，使电商文案更具有说服力。图 4-1-6 所示为要点延伸法的使用示例。

无异味	6秒加热	多功能
无噪声	某取暖器	防烫
低功耗	30度倾斜断电	防磕碰

图 4-1-5　取暖器的九宫格应用示例

图 4-1-6　要点延伸法的使用示例

以淘宝网某品牌插线板的产品详情页文案为例，其首先展示了该产品的主要特点——安全，然后针对这个产品特点，采用了要点延伸法进行延伸，分别从阻燃外壳、加粗铜芯线、儿童安全门设计等方面说明该产品为什么能确保使用安全，有效地增强了文案的说服力。图 4-1-7 所示为插线板卖点的应用示例。

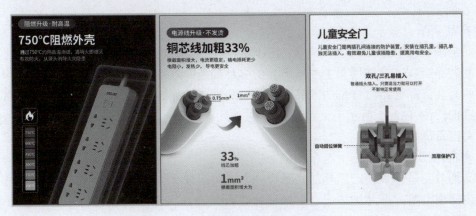

图 4-1-7　插线板卖点的应用示例

单元二　撰写商品详情页

一篇优秀的展示类产品详情页文案相当于一个金牌客服，将产品/服务的信息有目的、有主次、有节奏地"可视化"呈现出来，目的是延长受众在店铺的停留时间，促进店铺订单量的增加，让接收到信息的消费者，完成"从进店探询者"到"产品使用者"的角色转换。因此详情页写作不仅需要提供购买理由，还需要提供使用指南，打消消费顾虑。从消费者产生消费行为各阶段看，产品描述页的定义可以概括为：购买理由+购买信息/指令+购买指南。

一、详情页文案的构成要素

详情页文案通常会展示多种产品信息，但这些信息并不复杂，甚至有一定的"套路"可循。如果文案作者足够熟悉详情页文案的"套路"，厘清其写作框架，就能更好地策划详情页文案每个板块要展现的信息。

（一）以图片为中心的详情页构成要素

网购属于隔空交易，受众通过产品图片"看见"产品，并据此判断该产品是否是自己想要的，决定是否继续查看产品更多信息。清晰直观的产品图片可以明确地展现产品的特点，具有很强的视觉表现力。产品详情页中的产品图片主要包括焦点图、产品全图、产品细节图和场景图，下面分别进行介绍。

1. 焦点图

焦点图一般放在产品详情页的最上方，主要用于展示产品的核心卖点或相关优惠信息，例如"购买项链、耳环送包装袋""购买油画送围裙、画架和手套""购买2件8.5折，3件7折"等信息能够起到直接的推荐作用。产品的焦点图要具有一定的视觉吸引力，才能引起受众的注意和点击查看的欲望。图4-2-1中的产品焦点图凸显了该款洗地机的智能特性，并以"6·18"销量第一的市场业绩进一步强化了产品在消费者心智中的占有率，让消费者陷入从众的购买暗示中，同时图片还附带了各类优惠信息，诱导消费者快速咨询下单。

2. 产品全图

产品全图是指从产品的不同角度、不同颜色和不同款式出发，全面展现产品信息的图片。有些产品会在产品详情页中展示产品的多种颜色，并提供产品的正面图、侧面图和背面图。有些套装产品会给出详细的产品图示和包装方面的保证，展示产品的完好性，从而减少受众的疑虑。图4-2-2所示为某品牌眉笔的全色彩展示图，帮助消费者更好的作出购买选择，提高消费满意度。

3. 产品细节图

产品细节图是指表现产品局部的图片，主要包括款式细节、做工细节、面料细节、辅料细节和内部细节等。产品细节图的展示能让受众对产品的品质更加放心。图4-2-3所示为某品牌服饰的相关细节图，对其袖口、衣领、纽扣等做工细节作出展示，打消网购看不清楚的顾虑，让注重品质和细节的用户能够放心购买。

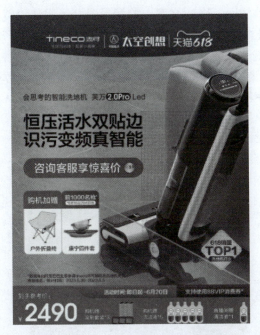

图 4-2-1　产品详情页中的焦点图

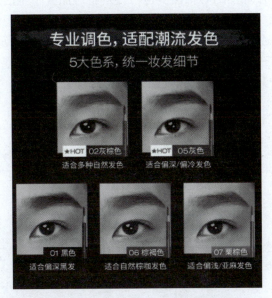

图 4-2-2　产品详情页中的产品全图

图 4-2-3　产品详情页中的细节图

4. 场景图

场景是指某一地点、人或物品与产品组成的画面。电商文案中的场景图可使用某消费者使用产品的实拍图，也可使用将产品置于生活化场景中拍摄而成的图片，还可以使用与产品相关的图片，如产品的生长环境图、制作过程图等。场景图可以使产品更具生活气息，增加产品的吸引力和受众的亲近感。图 4-2-4 所示为某品牌的速溶咖啡使用图，就其冲泡方便这一卖点对应到不同场景中，帮助消费者拓宽使用场景，凸显产品价值。

图 4-2-4　产品详情页中的场景图

（二）以产品为中心的详情页构成要素

在实体店购买产品时，销售员会向受众详细介绍产品的功能、性质和特点，甚至让受众亲自体验，其目的是让受众看到购买产品后所能获得的好处和利益，促使受众产生购买欲望。网店虽然不能与受众面对面进行这些操作，但通过文字、图片等元素，仍然可以将产品的全貌、性能和特点以灵活而富有创造性的方法体现出来，方便受众对产品进行鉴别、挑选。这就要求商家在详情页中充分展示自己产品的特色、清晰描述受众利益点以及罗列一些具有吸引力的其他信息。

1. 产品特色

网店与实体店最大的不同之处在于，网店不受环境、地点、时间及受众等因素的影响，它可以向网络中的任何受众展示自己的产品，拥有广泛的受众群体。因此，文案人员在向受众展示产品时应着重展示产品的特色，明确向受众表达产品的特殊功效，体现产品在同类产品中的优势，以及与其他产品的区别。图 4-2-5 所示为某品牌炖锅文案，其中将此款炖锅工艺、用途上的优势用精简醒目的语言写明，让消费者一目了然地了解产品特色。

2. 受众利益点

通常一款产品有诸多卖点，文案人员需要挖掘到受众最希望改善或希望被满足的需求。

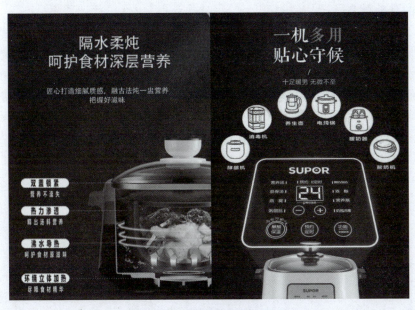

图 4-2-5 电炖锅的产品卖点图

并按产品的特性、优点及利益点进行组合描述。例如要销售的产品体积很小，可强调它节省空间、便于携带。产品体积较大，可强调它存储空间大、一物多用。总之，要根据产品的性能和服务对象，有针对性地强调重点并加以介绍，这样才会达到更好的效果。图 4-2-6 所示为内胆包文案，内胆包的特性是柔软、便携等，但对于消费者而言，更关心的是产品特性带来的切身利益点，在此款内胆包文案中，文案写作者将写作视角切换至用户，"保护包包内皮、帮助包包塑性"等都在强调消费者需求，能更好地引发消费者共鸣。

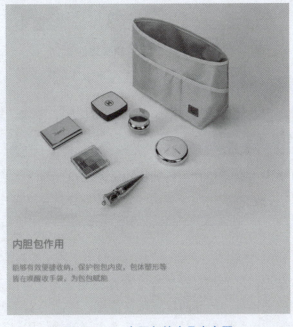

图 4-2-6 内胆包的产品卖点图

3. 产品的其他信息

不同的产品，可对目标受众展示不同的信息。例如借助名人——"××推荐"、强调品质——"官网正品""原装进口"、强调销量——"累计销量 100 万多件"、说明物流信息——"卖家赠送运费险""顺丰包邮"，以及展示质检证书等，都是可以强调的产品的其他信息。若是在网上有很多仿品的知名品牌产品，其详情页文案可以介绍辨别真伪的方法。此外，还可以提供一些附赠服务，如免费代写贺卡、在钢笔上或台灯底座刻字等。受众会觉得既贴心又有趣，也会优先考虑这种店铺的产品或服务。图 4-2-7 所示为产品的质检报告。

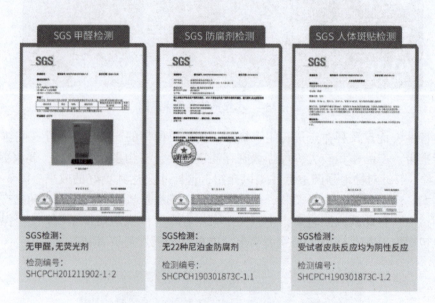

图 4-2-7   产品的质检报告

（三）以受众为中心的详情页构成要素

以受众为中心就是在设计详情页文案时，从受众的角度去考虑，针对受众关心的问题，丰富详情页的内容。

1. 产品使用指南

有些产品，详情页文案中会介绍其结构和操作方法。例如拼装类模型产品、简易家具产品的详情页文案中会展示拼装方法，而美容仪、眼霜等的详情页文案中会介绍具体的使用手法等。图 4-2-8 所示为运用图片及文案配合，清晰地描述了运用速溶咖啡冲泡一杯特调饮品的相关使用方法。

2. 产品使用效果

很多受众在使用产品之前可能会对产品效果存疑，文案人员可以通过第三方消费评价、产品的使用效果、产品的高销量、产品的权威认证信息、产品的实体店信息或采购说明，以及常见的疑难问题解答等方面的资料让受众对产品产生信赖感，从而引发其消费欲望，显示产品品质，让受众放心购买。图 4-2-9 所示为运用数字直观地展示出产品的功效。

Notes:

① 轻启键帽底部盖子，顺边角撕开密封的铝箔纸

② 将咖啡粉倒入 160～200 ml 的冷/热水、牛奶、或者燕麦奶中

③ 即可品尝一杯全新风味咖啡

● 混合牛奶/苏打水，建议先将少量水加入咖啡粉后再倒入

图 4-2-8　某咖啡粉的使用指南

图 4-2-9　某化妆品使用功效说明

3. 关联推荐

文案中可以关联推荐一些同类产品或搭配套餐，以激发受众的购买欲望，提高受众的客单价（即平均每位受众在店铺中购买产品的金额），它在一定程度上决定了店铺销售额的高低。产品的相关搭配推荐和店铺的热卖推荐等都属于关联推荐，在详情页文案中展示关联推荐有利于提高店铺的销售额。图 4-2-10 所示为某品牌口红内页中对其他相关产品的关联推荐，不仅能一目了然地解释产品间差异，还有助于消费者种草、下单更多单品。

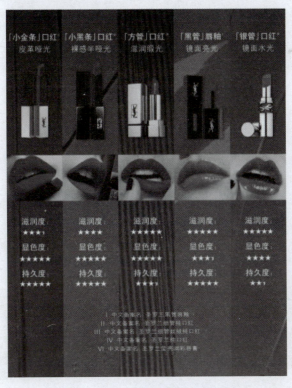

图 4-2-10　关联推荐信息展示图

二、详情页文案的写作技巧

熟悉了详情页文案的写作框架后，就要对产品详情页进行填充，其写作有一定的技巧性，文案人员可以从以下三个方面学习和掌握写作技巧。

（一）找准风格

回顾很多品牌的成长历程可知，它们之所以能够风靡互联网，是因为它们都具有明显的品牌风格。所谓"见文知人"，如果将品牌比作一个形象化的人，那么品牌电商文案的风格就能体现出其性格。有的活泼俏皮，有的文艺知性，通过语言风格的选择可增进受众对产品设计的理解与认同。电商文案创作者在创作电商文案时，需要根据不同的产品类型，选择不同的风格，如淘宝女装店"步履不停"基于对文艺女青年的心理洞察，电商文案主打文艺风，在描写一款蓝色竹纤维衬衫时，用了"静的能听见竹子生长的声音……蓝色的衣服，像杜撰了一面湖"等十分细腻，充满了文艺气息、清新淡然的文字。如某品牌的青花瓷产品的文案，用了非常诗意国风的诠释，在家这个凝聚自我精神的领域，通过对日常生活物品的重新思考和设计，为思想独立、不断向内探索的人们创造心灵的偶遇，如图4-2-11所示。

（文案节选）

青花瓷是一首行遍世界的诗

唐宋伊始，至元明清

飞跃重洋，流转世界

阅尽世间繁华，淬炼人间烟火

于方寸之间揽色 于苍穹之中绽放

青花之美，静而不争

写意风雅，温润如风

素缎处勾画的浅迹

终是等来了一场现代烟雨

看过世界 才知"容纳"的真义

我们追求的独立，

不过是千帆阅尽，愈发打开的心灵。

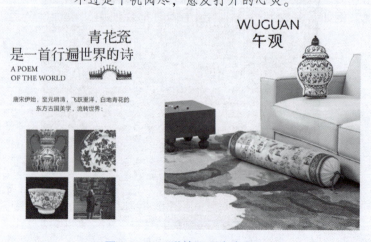

图4-2-11　详情页文案内图

（二）明确卖点

产品的卖点有很多种展示角度，可以是产品的材质、外观、工艺，也可以是产品的附加价值等，但是核心卖点只有一种，它是产品最有竞争力的卖点，并且能让产品与其他同类产品区分开来。例如，提到立白洗涤用品，就会想到"不伤手"的产品特点，"不伤手"就是立白洗涤用品的核心卖点。洗涤用品有很多卖点，如无添加、清洁力强等，但这些都不是立白的核心卖点，因为大多数的洗涤用品都具备这些卖点。由于其他同类洗涤用品没有主打"不伤手"的特点，所以这个卖点区分开了立白和其他品牌。此外，这个卖点也具有较强的竞争力，是消费者非常需要的一项产品特质，便于从情感的角度唤起消费者对产品的认可。与立白相比，汰渍洗涤用品的核心卖点则是去除顽固污渍，"有汰渍，没污渍"，既强调了竞争力，又使汰渍洗涤用品区别于其他同类产品。

1. 核心卖点的表现形式

在当前电商市场环境下，产品同质现象严重，因此，一个产品要实现突围，就需要找到其核心卖点。电商文案创作者如何为产品提炼出吸引消费者关注的核心卖点呢？要解决这个问题，首先需要了解核心卖点的表现形式。核心卖点通常有新卖点、超级卖点、独家卖点 3 种表现形式。

（1）新卖点。

所谓新卖点就是卖点与同行的卖点有所不同。做品牌营销实际就是在做"不同"，一个卖点能让产品区别于其他同类产品，让消费者耳目一新，那么这个卖点就将具备较大的竞争力，易快速被消费者关注和认可，带来新的消费冲动。

新卖点应当是新颖的，是消费者第一次听说或极少见过的，能为消费者带来一种颠覆性的认知，可以填补消费者认知上的空白。例如，洗衣液多数都是有香味的，市面上很多品牌都用"闻得到的洁净清香""天然植物香"等卖点进行宣传推广，同质化程度很高。而立白则在洗衣液香味上下苦功夫，邀请了专业香水师加入产品研发，并通过"大师香氛""延续香水传奇""打造专属私人高级香氛衣橱"等文案来表达产品的独特香味，让消费者感受到这款洗衣液不只是洗衣液，还有高级香水的作用，从而给消费者留下深刻的印象。

即便不能填补消费者认知上的空白，卖点表达方式也要新颖，可以将同一个卖点以另一种表达方式呈现。例如，多数生鲜品牌推销牛肉时都会使用"全程冷链运输""农场直供"等文案来表现牛肉的新鲜，而某品牌则独辟蹊径，通过文案"12 小时前，这头牛还在农场吃草"来表达"新鲜"的卖点，十分生动形象，令人印象深刻。

（2）超级卖点。

超级卖点是与同行相比有超越性竞争力的卖点。只有竞争力明显高于同行的卖点才能称为超级卖点。例如，某品牌牛肉文案的卖点"运动员餐桌上的指定牛肉"就属于超级卖点，因为运动会食材供应商的数量是有限的，大部分同行都很难企及，借助运动会食材供应的高标准可以证明自己品牌牛肉的高品质。

（3）独家卖点。

从字面意思上理解，独家卖点就是产品独有的卖点，如独家秘制的食材、产品独有的功能、领先的技术等。

一般来说，核心卖点往往会被打造成独家卖点，如果某产品拥有独家卖点，那么它的竞争力将会是独一无二的。例如，无线吸尘器的一大痛点就是滚刷容易被毛发缠绕，需要手动清理，而且影响机器运行。而小米的一款无线吸尘器（见图4-2-12）内置专利电动毛发防缠绕滚刷，能够在运行时自动将缠在刷头上的毛发切断，防止滚刷被毛发缠绕，并且刷头内嵌的是钝齿刀片，不伤地板和手。这一卖点能够解决消费者的痛点，打消他们关于毛发会让吸尘器出现故障、刷头刀片会伤地板等顾虑。由于该技术属于小米的专利，因而这个卖点实际上就成了该吸尘器的独家卖点，对目标消费者十分有吸引力。

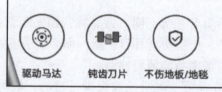

图4-2-12　小米的一款无线吸尘器

2. 卖点的写作

在写作过程中，可借助以下手法呈现产品的卖点：

（1）利用对比。

选择完产品的核心价值后可借助对比从产品质量、功能和服务等多方面与其他产品进行比较，突出产品优势。例如服装类的产品可从厚薄、质地、做工、面料等方面进行对比，食品类产品可从产地、密封性、新鲜程度、加工和储存、包装的密封性等方面进行比较。例如褚橙的文案"有时候我会觉得，人类的情话可以不用语言，一颗橙子就够甜了。"

（2）使用清晰简洁的语言。

知名著作《为什么约翰尼无法阅读》的作者鲁道夫指出，商业写作的最佳句子长度是14~16个词汇，20~25个词汇还勉强可以接受，超过40个词汇会变得不易理解。随着互联网平台上信息的井喷，消费者的注意力越来越稀缺，要知道消费者买东西，吸引他的往往是图片而不是文字，因此在网络平台上描述产品一定要简洁。与此同时，产品细节描述尽可能明确具体，可以提高文案的说服力。例如NFC无添加纯果汁中用"100%桑葚汁采用瞬时高温灭菌技术，20秒完成灭菌，直接灌装，并使用屋顶盒7层锁鲜技术，更好保留鲜果营养与新鲜口感"凸显原榨工艺，清晰地呈现该产品的卖点。

（三）明确利益点

产品价值分为产品的使用价值和非使用价值两种。写作产品文案时，一定要既体现产品的使用价值，又体现其非使用价值。

产品的使用价值是产品的自然属性，是产品必须展现的内容。例如晴雨伞的使用价值是防雨遮阳，牙刷的使用价值是清洁牙齿，洁面乳的使用价值是清洁面部肌肤。产品的使用价值是产品必须展现的内容。

产品的非使用价值是产品使用价值之外的其他附加价值。文案人员通过挖掘产品的非使用价值，设计符合受众需求的非使用诉求，可以赋予产品更加丰富的内涵，增强产品的吸引力。例如一款明星代言的保温杯，保温性能非常好是它的使用价值，但还可以从其适合送礼以及受众拥有喜欢的明星同款产品会产生情感愉悦等非使用价值方面增强受众的购买欲望。

文案写作中要将产品价值转化成顾客利益。在传递产品核心信息时，要告诉读者能得到什么益处而非仅描述产品特色，能够更好地吸引消费者关注。例如智能锁的特点是 3 秒开锁，但对于用户来说的诉求点是守护家人安全；除汗剂的特点是祛味，但对于用户来说的诉求点是防止尴尬。

（四）催促转化

详情页文案为了快速完成转化，常常也需要用到一些技巧，让用户感觉到购买的紧迫性，从而快速下单。

（1）制造稀缺。"仅此一天""限量供应""售完为止""先到先得"这些词语常在详情页中出现，让用户放弃理性思考，产生冲动交易。

（2）打造"便宜感"。"免费试用""7 天无理由退换""亲，包邮哦"这些词语会让消费者瞬间就觉得自己占了很大的便宜，油然而生满足感。

（3）价值重构。通过对促销比例的设置，例如把价格很高的商品，平摊到每周甚至每天，让消费者产生"也不贵嘛"的心理，从而忽略总价格而马上购买，也是提升转化率很有用的方法。如对于鲜花销售的价值重构，典型做法就是把包月鲜花、四束 168 元，换成"每周只需一杯咖啡的花费，就可以把鲜花送到家"，消费者就会容易接受。同样的还有巧妙形容打折比例，促销时候单价低的商品用百分比促销，单价高的用优惠金额促销。比如单价 50 元优惠 10 元就写直降 20%，单价 500 元的优惠 20% 就写直降 100 元，可以让同样一个概率，在你心中"显得"比实际的大，让人从理性变成不那么理性。

（4）提高产品附加值。

赠品和送券都是文案中最常见、最易理解的让利方式，让消费者在不知不觉中花更多钱，还仍然觉得自己占到了便宜。

（五）注重逻辑

优秀的详情页文案都有一定的逻辑性，它主要是围绕产品的某个主题展开描述，对卖点进行细分，从不同的角度切入。通过众多商家的实践，详情页文案逻辑主要可按照以下顺序进行体现。

品牌介绍（也可换到最后）。

焦点图（引起受众的阅读兴趣）。

根据目标受众群体设计场景图，用于激发受众的（潜在）需求。

详细的产品图文介绍，以赢得受众的信任。

产品的非使用价值体现，最好通过图文搭配的形式体现。

在图文部分或详情页文案收尾处顺势附上关联推荐产品的信息。

为什么购买本产品，即购买本产品的好处有哪些。

不购买本产品的后果。

同类型产品的对比，包括价格、品质等。

受众评价或第三方评价，增强其他受众的信任度。

拥有本产品后的效果，给受众一个100%购买的理由。

发出购买号召，为受众作决定，即为什么需马上在此店购买。

购买须知，包括邮费、发货和退换货等。

以上内容只是为写作详情页文案提供一个参考，不同类型的产品要根据具体情况进行分析。在写作文案前可以浏览一些同行业销售量前几名的详情页文案，分析它们的布局方式和写作方法，在此基础上创作出符合个人风格的详情页文案。

单元三　撰写海报文案

对于电商商家来说，产品详情页文案的作用主要体现在当受众产生购物需求后，促使受众下单。但电商产品多种多样，同质化产品繁多，将受众引流到自己的店铺也是一项重要的工作。这时就需要文案人员写作各种活动文案，让受众注意到自己的品牌和产品。与活动相关的电商文案多种多样，海报就是其中之一。按其应用的不同，海报可以分为商业海报、文化海报、电影海报和公益海报等。商业海报是指宣传产品或商业服务的广告性海报，其文案设计要符合产品的格调和受众对象，并根据商业的诉求为商家的商业目标服务。

一、海报的构成要素

海报以最简单快速的方法传递信息，一般由图片与文字组成。其中海报文案就是指海报中的文字，它是海报的主题，用来展示海报的设计意义及相关诉求。商业海报中也有不同的类型，有些海报是用来获取流量，完成宣传、借势、刷存在感的展示海报，其构成要素没有明确要求，例如图4-3-1（a）是宣传或者说刷存在感的展示海报。

有些则是为了达成某种目的，例如加积分，引导消费者扫码进群、关注公众号、加好友等的裂变海报，如图4-3-1（b）所示。带有裂变目的的海报文案，因其目的明确，海报承载的信息量会比展示类的海报更多，常配以主标题（文案）、副标题（活动主题）、图片、商品信息（商品卖点/购买理由）、背书（用户/权威机构/专家）、转化诉求（福利+转化路径与诉求）。

二、海报文案的写作技巧

海报文案的内容设计在很大程度上决定了产品的营销效果，这就需要海报文案对消费者有足够的吸引力。作为海报文案的创作者，在撰写海报文案时无论采取哪种诉求方式、使用哪种文案写作切入点，都必须用精简的文字内容准确地表达产品的特色、卖点，让消费者通过简短的海报文案知道产品的价值，将消费者能得到的利益表达清楚，使消费者可以快速判断海报文案是否对自己有用，并决定是否关注其中展示的产品。

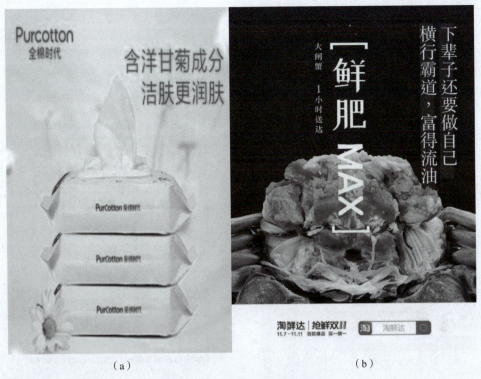

（a）　　　　　　　　　　　　　　　　　（b）

图 4-3-1　不同目的的海报样图

下面是海报文案的五种常用技巧：

（一）利益诉求

利益诉求是一种常用的海报文案写作方式，是将所售产品的利益诉求直接明了地展示出来，细致刻画并着力渲染产品的质感、形态和功能用途，呈现产品精美的质地，给消费者以逼真的现实感，使其对海报文案所宣传的产品产生一种亲切感和信任感。这种手法是直接将产品展现给消费者，所以要注意画面上产品的组合和展示角度，应突出所售产品的品牌和产品本身最容易打动人心的部分，运用光影、颜色和背景进行烘托，将所售产品置于一个具有感染力的情境下，增强海报文案画面的视觉冲击力。图 4-3-2 所示的海报"透亮水光肌"就是气垫产品的利益诉求。

（二）痛点描述

采用痛点描述的方法写作海报文案，能够生动形象地说明产品的特色或卖点，刻画出某个场景下消费者对产品的需求。图 4-3-3 所示的为某眼贴产品的宣传海报，其先刻画了消费者"工作中，心有余而眼不足"的一种状态，即痛点，然后号召消费者使用其产品，"向眼睛疲劳说'拜拜'"。通过抓住了目标消费者的痛点，激起目标消费者的购买欲望。

（三）对比衬托

对比是突出产品特点的常用表现手法，其不是指文案字体大小和粗细的对比，而是指海报文案中所描绘产品的性质和特点与参照物之间的对比。借助对比呈现差别，可以直观地向消费者传递产品的信息。通过对比衬托的手法能提示或强调产品的性质和特点，使消费者对产品留下深刻的印象。图 4-3-4 所示的海报文案则通过"像一本杂志一样轻薄便携"的物品对比描述，体现出笔记本电脑超薄的特点。

图 4-3-2　某品牌气垫的宣传海报

图 4-3-3　某眼贴产品的宣传海报

图 4-3-4　某笔记本的宣传海报

（四）引用权威

在海报文案中引用权威是体现产品特点和产品价值的有效方法，能增强产品的可靠性。图 4-3-5 所示是课程资料宣传海报，其文案首先使用数字表达产品的高效率，容易激发消费者的兴趣，然后列举了比尔·盖茨，Google 创始人做背书，借助权威增加了产品的有效价值和可靠性。

（五）借势传播

借助节假日的势可提高品牌的曝光度，增强与受众之间的情感联系，从而帮助品牌推广，带动产品销售。目前节假日分为两种，一类是传统节日，一般包括二十四节气，以及由我国国家法律规定的，让人们能够庆祝和休息的节日，如国庆节、中秋节、元旦节等，大部分都属于大众的消费日。图4-3-6所示的案例就借助三八节这一传统节日，在女性地位日益提高的今天，巧妙借势表达了关注、尊重、赞扬女性的态度，例如某烤串店的节日借势文案"成熟的你更有味道"，一语双关地表达了烧烤后食物的美味，同时也透露出对女性年龄的欣赏，帮助女性摆脱年龄焦虑；联想的节日借势海报"纤而有力"，短短四个字让人感受到女性力量，也在致敬中传播了联想电脑纤薄的卖点。另一类是具有时代特征的新兴节日，比如"520告白节""双11""5·17吃货节""9·12示爱节""6·18网购节（原为京东的店庆）"等，甚至部分节日已经达到了传统节假日的效果。

图4-3-5　某课程的宣传海报

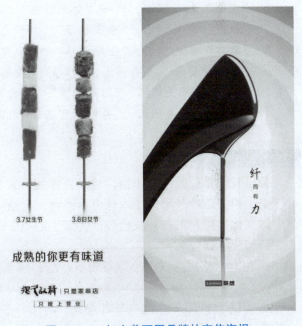

图4-3-6　妇女节不同品牌的宣传海报

拓展学习

规范网络电商广告用语

"全网仅一家""史上最低价""销量总冠军""行业领导者"……打开互联网平台的商品页、直播间，广告极限词并不鲜见。一些消费者被类似广告吸引，购买商品或服务后却发现名不副实，既影响体验又面临维权难题。

滥用广告极限词属于违法行为。我国广告法明确规定，不得使用"国家级""最高级"

"最佳"等用语。由于语言词汇的复杂性，列举所有极限词并不现实，因而在具体实践中，需要把握立法本意。

参照广告法对虚假广告的界定，商品或服务的质量、价格、销售状况、曾获荣誉等信息与实际情况不符的，即属违法。那些动辄标榜"唯一""独创""问鼎""极致"却又拿不出有效证据的商家，其广告用词明显不适当。

有的商家耍小聪明、打擦边球，采用异体字、谐音等方式变相使用极限词，实质上也涉嫌违法。

2021年《互联网广告管理办法（公开征求意见稿)》发布，更是明确将以互联网直播等方式直接或者间接地推销商品或者服务的商业广告、跨境电商广告纳入监管。

相关禁用词梳理：

1. "一"相关的词汇，例如"全国第一""销量第一""仅此一款"等词汇；
2. "最"相关词汇，例如"最赚""最好""最低价"等词汇；
3. "级/极"相关词汇，例如"全球级""世界级""国家级"等词汇；
4. "首/家/国"相关词汇，例如"首个""首家""首发"等词汇；
5. "品牌"相关词汇，例如"金牌""冠军""王牌"等词汇；
6. "虚假"相关词汇，例如"史无前例""万能""无敌"等词汇；
7. "权威"相关词汇，"专家推荐""质量免检""特供专供"等词汇；
8. "欺诈"相关词汇，"全民免单""领取奖品""点击领奖"等词汇；
9. "诱导消费者"相关词汇，"秒杀""抢爆""万人疯抢"等词汇；
10. "迷信"相关词汇，"招财进宝""助吉避凶""化解小人"等词汇；
11. "色情"相关词汇，"身体器官描述""零距离接触"等词汇。

任务实训

茶是我国重要的经济作物，也是百姓的日常饮品。中国的茶文化源远流长，博大精深。近年来，很多茶叶产品开始入驻电商平台，为这一古老饮品带来了新的销售渠道。小罐茶，是中国文化复兴和消费升级趋势下，诞生的一个中国茶品牌。

请完成下列任务：

1. 用九宫格思考法为小罐茶旗下产品彩罐系列的"当红不让"大红袍乌龙茶找出核心卖点。

2. 借助"教师节"这一节日背景，制作一张裂变海报，要求完成请用户点击收藏店铺的任务。

创新创业案例

撰写社交媒体文案

案例导入

移动互联给我们一个前所未有的机会，把人和一切供给需求通过场景连接起来。这种场景实时响应，随时激活，不断创造，高效迭代。社交媒体作为数智场景，不仅是人们彼此之间用来分享意见、见解、经验和观点的工具和平台，还是一种连接和入口，一个人货场的生态系统，通过构建与用户的链接，诠释新的情感和价值，共建观念共识。

在快节奏的现代生活中，环保与可持续发展逐渐成为社会共识。苏某在一家家居用品公司上班，该公司始终倡导"绿色制造"理念，生产销售系列平价实用的环保产品，包括玉米淀粉纸胶带、天然竹木碗和纯亚麻餐巾、竹制牙刷、天然椰棕杯刷、丝瓜络等，用以替代塑料胶带、塑料牙刷等，环保实用。为了激发公众对绿色生活的关注与行动，进而增加品牌的认知度，公司在小红书、微博、公众号三大平台上联合发起一场名为"#绿意生活，从我做起#"的内容营销活动。首先，在小红书平台公司邀请了多位环保生活博主，分享他们的绿色家居改造、绿色生活小妙招、零废弃生活方式等实用帖文。通过精美的图片配简洁的文字直观展示绿色生活的美好与可行性。其次，利用微博热搜和话题榜，发布系列深度文章和专家访谈，探讨绿色生活的重要性、现状与挑战，以及个人与企业在环保中的角色与责任。最后在公司的官方公众号上推出系列专题文章，如"绿色生活十大实践指南""环保材料科普""企业绿色转型案例研究"等，深度剖析绿色生活的内涵与实践路径，并在每一篇软文结尾附上"绿意生活交流群"二维码，在群内定期分享优质内容、组织线上讨论会，增强用户黏性，形成绿色生活的社群文化。活动期间，三大平台累计曝光量超过13万次，成功打造"绿意生活"品牌形象，提升公众对绿色生活的认知度。据不完全统计，直接带动超万用户开始或加深了对绿色生活的实践，公司内的天然椰棕杯刷也一跃成了网红单品，给公司带来了不菲的收入。

【思考】

1. 今天的社交媒体在商业中扮演什么样的角色？
2. 你认为优秀的社交媒体文案具有哪些特征？

学习目标

知识目标

1. 理解不同社交媒体平台的特点及广告方式
2. 掌握不同社交媒体平台文案写作的要点

能力目标

1. 能够熟练撰写微信公众号软文、朋友圈文案
2. 能够熟练撰写微博软文

素质目标

1. 利用社交媒体发布正能量文案，构建网络良性生态
2. 遵守平台规则，坚持诚信原则

单元思维导图

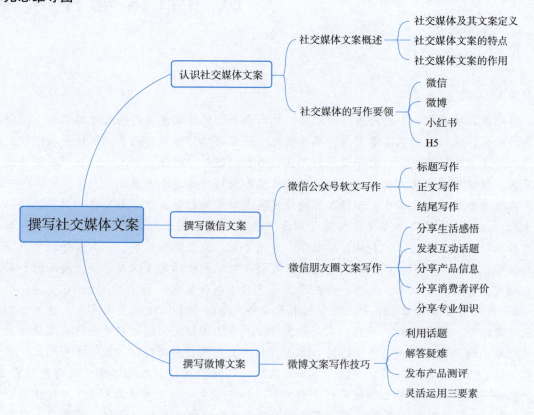

单元一　认识社交媒体文案

伴随着科学技术的进步与商业模式的创新，短短二十几年间，内容形态的变迁、社交媒体平台功能的迭代、社交媒体营销玩法变化的速度之快，令人瞠目。与此同时，几大社交媒体平台纷纷开始打造电商闭环，自成生态。我们的消费场景与习惯、购物行为继而也悄然改变。这样媒介发展"超速度"无疑给写作者们带来了巨大挑战，需要对市场、目标群体、社交媒体平台都具备更加敏锐的嗅觉及执行力。

一、社交媒体文案概述

（一）社交媒体及其文案定义

社会化媒体又称社交媒体，根据社会化营销大师大卫·米尔曼·斯科特在其著作《新规则：用社会化媒体做营销和公关》中提出的观点，社会化媒体是指"人们彼此分享见解、

信息、思想，并建立关系的在线平台"。社会化媒体的蓬勃发展爆发出了巨大的能量，其传播的信息成为人们浏览信息的重要组成部分，不仅制造了人们在社交生活中不断讨论的热门话题，还吸引了传统媒体争相跟进。

社会化媒体与传统媒体的区别在于，每个人都可以创建、评论和添加社会化媒体内容，一般表现形式有文本、音频、视频、图片和社区。

Kantar Media CIC 公司在 2018 年发布了"中国社会化媒体生态概览"，这份文件将社会化媒体分为两类：核心社会化媒体与衍生社会化媒体。

（1）核心社会化媒体：主要用来增强人与人之间的关系，帮助用户更好地了解与联结其他用户。在核心社会化媒体下，用户之间的关系是双向的，可以频繁、自由地交流生活体验或者其他信息，主要包括以交友、兴趣、即时通信、新鲜事等为目的的线上平台。

（2）衍生社会化媒体：主要用来增加用户黏性，为用户提供个性化的信息，使其更好地作出决策或者获得娱乐。在衍生社会化媒体下，用户更偏向单向交流，主要是从内容生产者那里获取信息，主要包括网络游戏、影音娱乐、信息资讯、电商购物等四大类。

社会化媒体平台文案是指在社会化媒体平台上发布的文案。根据平台类型的不同，可以分为微博文案、微信文案、社群文案、今日头条文案、短视频文案、社区文案等。

（二）社交媒体文案的特点

由于投放平台的不同，以及用户接收信息习惯的改变，社会化媒体平台文案与传统媒体文案相比，具有以下特点：

1. 覆盖面广

社交媒体平台拥有庞大的用户基础，可以实现文案的大范围曝光，并触达潜在客户。数据显示，截至 2022 年，全球社交媒体的使用人数已达 47.4 亿，用户每天花在社交网络上的时间不断增加，达到平均时长 3 小时。而在社交平台上，以文章、图片、视频等形式呈现的广告文案与咨询、消息等融为一体，让用户在阅读和浏览平台内容时不自觉地接受到广告的曝光，使文案的覆盖面更广。

2. 传播速度快

社会化媒体平台文案的首要特点就是传播速度特别快，基于其极强的互动性和分享功能，文案能够在短时间内形成裂变式传播。

例如，2023 年 9 月 4 日周一的一大早，瑞幸咖啡和贵州茅台联名推出的炸裂新品"酱香拿铁"在瑞幸全国门店上线，同时瑞幸充分利用社交媒体平台，正式官宣文案"品味酱香，致敬经典。美酒加咖啡，就爱这一杯"，一经推出瞬间点爆朋友圈，喜登热搜第一，掀起了一场全民狂欢。并在当日在小红书、抖音、微博、豆瓣等主流社交平台持续引爆裂变，让喝过的、没喝过的都纷纷加入"群聊"，"早 C 晚 A（职场 ABC）一杯搞定""全款拿下，又不是没实力""留一半清醒留一半醉，何不潇洒喝一杯"等文案，有效地传播了品牌形象和产品信息，提升了品牌知名度和销售额，让瑞幸交出首日销量突破 542 万杯，单品首日销售额突破 1 亿元的成绩单。

3. 传播渠道及形式多元

在社会化媒体平台上，文案传播不只以文字形式出现，还有图片、音频、视频、游戏等多样化的载体。传播渠道方面也呈现出多元化的特征，企业不再局限于某一单一平台，而是需要根据广告预算和推广目标，制定合理的投放策略，结合不同平台的广告报价和效果评估，选择合适的投放方式和时间段，根据渠道的不同发布相应的文案。有调查显示，越来越多的品牌主会选择组合的方式做投放，66.4%的品牌主会选择 2~4 个平台进行投放。

4. 互动性强

在社会化媒体平台上，文案的传播不再是单向输出，企业可以通过社交平台收集用户的反馈意见，提升用户在品牌发展或产品生产过程中的参与感；可以深度和其他品牌甚至竞争对手等开展沟通，进而达到品牌销售或推广的目的。

例如瑞幸酱香拿铁走红社交媒体之后，不仅用户开启了疯狂参与模式，连其他品牌也想方设法开启与瑞幸的互动，短短 1 周时间，给瑞幸写信的品牌数不胜数。清一色的"亲爱的瑞"开头，让人恍惚间以为这是品牌们约定好的团建，形成了营销双赢，如图 5-1-1 所示。

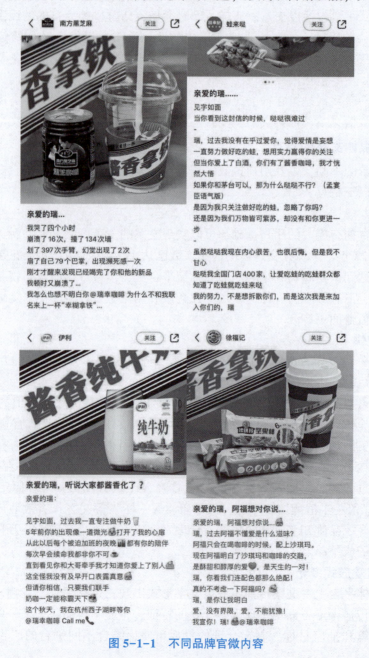

图 5-1-1　不同品牌官微内容

5. 投放精准定向

社交媒体平台提供精准的广告定向功能，可以按照地理位置、年龄、性别、兴趣爱好、行为等维度将广告投放给特定的目标受众，通过精准的定向投放，可以提高广告的效果和转化率。例如，女性对小红书这样的社区平台比较感兴趣；"00后"比较喜欢用QQ及QQ空间、兴趣部落，常用的视频网站有腾讯视频、爱奇艺、优酷等；进入职场的人们则更喜欢用微信及其朋友圈、微信公众号等。

另外，由于用户在各大平台上的行为都有数据记录，企业可以根据目标人群进行有针对性的选择，通过算法推荐为用户推送密切相关的信息，做到"千人千面"。例如，为刚怀孕的妈妈推送母婴用品等信息；淘宝会根据用户的浏览记录、往期购买商品的价格、风格等推送相应的商品信息，以提高转化率。

6. 投放效果可衡量

社交媒体广告平台通常提供详细的数据分析功能，可以跟踪广告的展示量、点击量、转化率等指标，这让文案的效果可评可测，也有助于企业进行文案的优化和调整，提高广告的效果和回报。

（三）社交媒体文案的作用

新媒体矩阵的形成基于两个方面：一是用户需求的变化，即用户习惯了多样化、快速地获取信息的方式，媒体也要根据这些需求来不断更新自己的传播方式，这样才能吸引更多的受众；二是技术的进步，新技术的涌现为媒体的创新提供了更多的可行性，满足了用户对于新鲜感的需求。而在新媒体矩阵的各个节点中，新媒体文案扮演着非常关键的角色。一个好的文案不仅能够吸引用户的眼球，同时也能够引导用户了解品牌或产品，加深用户对它们的认知和情感共鸣。

具体来说，社交媒体文案的作用如下：

1. 增加品牌存在感

新媒体传播呈现出越来越碎片化的趋势，用户的阅读时间和注意力都极为有限，因此一个好的文案能够抓住用户的注意力，当某品牌社交媒体文案能够频繁持续抢占用户注意力的时候，就完成了营造熟悉感，抢占心智的关键一步，也是品牌与用户发生关系的第一步。

2. 塑造品牌形象

企业开展社会化媒体营销，会通过各大平台推广品牌信息，而且针对性强，内容展现的形式多样。当用户浏览文案时，会在不知不觉中受到品牌的影响，逐渐接受文案中宣传的产品优势，进而增加对品牌的信任度和好感度，而品牌方也逐渐提升自己的知名度和美誉度。长期来看，品牌资产会逐渐积累。

3. 促进销售

传统的文案往往在媒体上进行长期投放，消费者在特定的平台上购买产品。而社会化媒体平台文案可以增加企业信息的覆盖面，提高品牌的关注度和曝光度，提升销售转化率。用户通过文案了解产品，产生兴趣，并最终做出购买行为。

另外，社会化媒体平台与电商平台相结合，用户可以在浏览文案、图片或者观看视频时，直接点击推荐的产品购买链接进行购买。由于转化的及时性，社会化媒体平台文案的效果易于评估，企业能够实现更快、更精准的投放，也能及时调整营销策略，从而提升销售转化率。

二、社交媒体的写作要领

随着移动互联网技术的快速发展，人们分享信息越来越便捷，传播渠道呈现出多中心、多元化的特点，人们的关注点不再集中到一个平台上，每个人的信息获取时间被不同的社会化媒体平台分割。因此，新媒体创作者有必要了解各种社会化媒体文案的特点及文案写作要领，在各平台上发展自己的品牌粉丝，让他们通过分享、点赞或评论等方式与品牌互动，扩大品牌声量。目前主流的社交媒体平台有：微信、微博、抖音、QQ、快手、哔哩哔哩、小红书、知乎、豆瓣等。这些社交媒体平台在种草中都起着不同的营销作用。

下面将介绍比较流行的社会化媒体平台文案的特点及其写作要领：

（一）微信

当前微信已经成为中国最大的社交平台之一，也是热门的网络营销和推广平台之一，在社会化媒体营销中占有举足轻重的位置。

微信上的生意，都是基于熟人社交之间信任的底层模型，让种草效果更有保障。通过微信平台，企业需要主动关注品牌的用户，能够进行深度观看和互动；借助输出的内容，讲好品牌故事和产品故事，体现品牌价值观和调性；取得用户信任，并利用头部账号 KOL 做品牌背书，来提高企业品牌及产品的声量。

1. 微信文案的特点

微信文案是指在微信平台上通过对产品的概念和特点进行深度分析，以文字、图片等形式写出的，能够进一步引导用户消费的文案。

微信文案具有以下特点：

（1）目标精准性。

微博具有开放性，发布者发送的消息可以被所有人看到，而在微信平台上，只有关注者才能看到发布者发送的信息。因此，微信更容易进行后台数据的统计和管理，能够更精准地绘制客户画像和进行客户定位。

（2）具备实用性和趣味性。

人们关注微信公众号的目的是为了获取有趣、有料的信息，而不是广告。如果用户发现关注的微信公众号发布的内容中带有大量的广告内容，对植入广告容忍度低的用户就会取消订阅，这不仅会减少关注该微信公众号的粉丝量，还会对品牌形象有所损害。

优质的微信文案应该与生活密切相关，与企业自身定位相符。微信文案内容要具备实用性和趣味性，可以满足用户的阅读需求，为他们提供良好的阅读体验。

（3）转化率高。

人们一般很排斥企业直接发送的广告，即使是忠诚的品牌粉丝，如果广告信息过多，也会非常反感。微信文案可以通过图文并茂的软文巧妙地引导用户关注产品信息，使其十分自然地接受广告，甚至主动寻求更多内容，这无疑会提高广告的转化率。

（4）互动性强。

微信是一款即时通信软件，这就使企业的工作人员能够与用户直接沟通联系，一对一地回复用户提出的问题，从而维护企业形象，这种强互动性的传播效果自然比传统的单一式传播要好。另外，用户在看到感兴趣的内容时会主动分享到朋友圈或微信群，这就扩大了传播受众群体，形成裂变式的传播效果。

2. 微信文案的类型与写作要领

微信文案主要分为两大类型，即公众号文案和朋友圈文案。我们可以根据推广需要合理使用相应的类型，做到有的放矢。

（1）公众号文案。

微信公众号是个人、媒体或企业在微信公众平台上申请的应用账号，现已成为新媒体营销的常用平台之一，目前微信公众平台分为订阅号、服务号和企业号，其中，订阅号每天可推送一次消息，而服务号则每月只能推送四条信息。公众号文案通过文字、图片、语音、视频等多媒体形式向用户传播信息，实现全方位的沟通和互动。

微信公众号文案的写作要领如下：

要领一：合理设计标题

任何一篇文案都需要设计一个有吸引力、有辨识度的标题。除了运用诸如悬念式、数据式、对比式等标题写法以外，还可以在标题中添加独特的格式。

为标题设计独特的格式可以展现微信公众号的个性，特别适合打造系列文章，读者在看到文章标题时就可以轻松判断出文章属于哪个公众号，是什么类型的内容。最常见的格式是用"｜"隔开，"｜"前边的文字可以标记文章的类型，相当于一个标签。

要领二：设计吸引人的封面

公众号文案的封面包括封面缩略图和文案标题。一般来说，公众号文案的封面要使用吸引人眼球的图片和标题，以便于引起读者的注意，促其点击阅读。读者一般会在 3~8 秒之内决定是否点击。因此，如果封面设计得不出彩，就无法引起读者的注意，文案的内容再好也会被忽略。

公众号文案通常分为单图文文案与多图文文案，通常来说，对于同一个账号，单图文的优势是信息聚焦，点击率会更高，用户不用过多选择和考虑；多图文则常用在需要表达的信息较多，且信息分类有所不同时，缺点是用户需要在多个图文中有选择地阅读，每个图文的点击率和阅读量较单图文会更低一些。

要领三：拟订摘要引导阅读

公众号的摘要是指封面缩略图下方的一段引导性文字，读者可以通过这段文字迅速了解文案的主要内容，或者被摘要中提出的问题所吸引，从而点击文案，增加文案的阅读量。摘要通常显示在单图文文案的封面上，多图文文案封面上则没有。

摘要的字数限制在 50 字以内，其内容可以根据标题拟订。假如是活动文案，可以将额外的优惠放在摘要位置吸引用户；假如是推荐图书的文案，可以把书中的金句或者其他人对本书的评价设为摘要。

需要注意的是，如果文案创作者不添加摘要，微信公众平台会默认正文前几句文字作为摘要，这无疑浪费了摘要的位置资源。而且尽管多图文文案不显示摘要，但当这些多图文文案被单独分享出去之后也会显示摘要，所以文案创作者要认真撰写文案摘要，以免摘要的内容表意不清，影响读者对文案的第一印象。

图 5-1-2　遇见博物馆在微信
朋友圈的推广文案

（2）朋友圈文案。

朋友圈是个人化的分享平台，主要分享日常生活、社会热点、心情日志等内容。朋友圈文案可以分为两类，分别是品牌主投放的朋友圈信息流广告与个人发布的朋友圈文案。

朋友圈信息流广告是微信在 2015 年推出的一项功能，迄今为止，已经有很多知名企业品牌在朋友圈投放了信息流广告。图 5-1-2 所示为遇见博物馆在微信朋友圈的推广文案。

品牌主投放的朋友圈信息流广告一般注有"广告"或"推广"的字样。

个人在朋友圈发布文案时，通常具有鲜明的个人风格，人们会通过朋友圈文案的内容来判断发布者的兴趣、品位和性格等。因此，发布的文案不能太低级，不能一味地植入产品广告，要尽量分享自己的日常生活和新鲜有趣的事情，使好友感受到一个活生生、有情调的人格形象，不仅在朋友圈中刷了存在感，也不至于让人厌烦。

（二）微博

微博是一个广场型平台，大小事的汇聚地，随时随地都有热门发生的可能性，作为移动端的基本应用，微博在网络营销中占据了非常重要的位置。

微博相比传统新闻媒体辐射人群范围更广、传播更为快速、内容更碎片化，一般而言，作为企业微博的运营者会规划每天发布动态的数量，以在不同时间段保证品牌曝光量。而动态内容会有不同的分类，如实用性、情感性、互动性、产品或服务广告等，从不同的方面让自己的粉丝能够看到自己，并触动粉丝互动，分享转发出去。同时微博平台上沉淀了大量明星和 KOL 意见领袖，企业或者品牌可以借助他们的核心话语权，造热搜，上热门，进行造势营销。图 5-1-3 所示为微博平台的用户构成示例图。

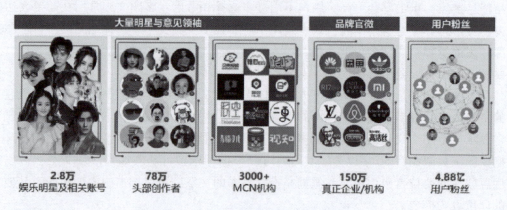

大量明星与意见领袖			品牌官微	用户粉丝
2.8万 娱乐明星及相关账号	78万 头部创作者	3000+ MCN机构	150万 真正企业/机构	4.88亿 用户粉丝

图 5-1-3　微博平台的用户构成示例图

1. 微博文案的特点

微博文案写得好，可以吸引大量用户，赚取巨大的流量，而这种流量能够转化为商业价值。微博文案主要有以下特点：

（1）简练精要。

现在的生活节奏越来越快，人们越来越习惯于快餐式阅读，很多人已经没有耐心阅读大篇幅的文章了。微博上的消息非常多，刷新速度很快，人们为了尽可能多地获取有用的信息，更倾向于阅读可以迅速浏览完毕、不用主动分析和总结的文字。

原来微博的发文字数限制在 140 字以内，后来虽然取消了这一限制，但微博文案仍讲究简练精要、言简意赅，所以微博文案最好不要堆砌大量的文字，而是应该用浅显直白的文字传达信息。

（2）主题明确。

不管是哪一种文案，都要有明确的主题，因此要做好定位，明确受众群体、写作目的和产品卖点等。在撰写微博文案时，文案创作者要使用适当的语言来表达核心内容，并保证内容的真实性和可读性。

（3）互动性强。

微博作为一个社交化媒体平台，其本身就具有互动性强的特点，因此微博文案也应当具有很强的互动性，除了转发以外，还可以使用评论、点赞、投票、抽奖等形式，帮助企业或品牌吸引用户的注意力，增加粉丝。另外，文案创作者还可以通过微博与用户进行在线交流，加强与用户之间的联系，并且能够直接获取用户对产品或者服务的反馈信息，这有利于企业有针对性地调整战略，优化产品结构，提高服务质量。

（4）传播速度快。

微博文案在发布后能够快速引发回应，使用户产生共鸣，在最短的时间内吸引大量用户转发、评论和点赞，从而达到快速传播的目的。微博文案的这一特点要求文案创作者要熟练把握用户的心理，并掌握微博文案写作的方法。

（5）趣味性强。

如果微博文案枯燥乏味，只是简单的文字叙述，就很难吸引用户的目光。微博作为众多网络流行语、表情包和热点话题的源头，在如此丰富多彩的交流语境下，微博文案趣味性强的特点毋庸置疑，主要体现在极具个性的语言与丰富的配图上，有的还带有短视频、图片、超链接等，形式丰富。

2. 微博文案的写作要领

要领一：借助热门话题

微博热搜是用户在微博上关注的焦点，也是热门话题的集散地。文案创作者借助微博热搜上的热门话题来进行营销属于借势营销，是凭借话题的高关注度来引流，从而增加产品或品牌的曝光率，快速获得用户的关注。

在选择热门话题时，编辑的文案内容要与热门话题相关联，不能生硬地进行强行关联，否则会影响用户的心情，对产品或品牌的形象不利。除了借助微博热门话题外，还可以借时事新闻、热播剧、节假日等。

要领二：讲述故事

文案的本质是沟通，而故事是一种既好用又高效的沟通方式。故事讲得好，就可以感染用户的情绪，使其产生情绪投射，增强代入感。文案创作者在撰写微博文案时，可以结合产品和用户群体来撰写故事，既可以是幽默的故事，也可以是感人的故事或者温馨的故事，以此来加深用户对产品或品牌的认知度。让用户通过故事更加深入地了解该品牌，被其社会责任心所感动，从而加深好感。

图 5-1-4 所示为瑞幸在微博平台发布的父亲节文案。图 5-1-5 所示为农夫山泉在微博

平台发布的文案。

luckincoffee瑞幸咖啡
6-18 09:31

小时候不懂你爱喝的苦，
长大了才懂你曾默默咽下的辛苦。
父亲节快乐🧔这一杯敬父爱！
#父亲节#

农夫山泉
2016-2-18 来自 微博视频号

【农夫山泉2016年新广告片之武陵山篇】本片讲述了一个源头检测员的真实故事，20周年之际，我们还将推出三部这样的广告片。每一个员工的坚守，成就了农夫山泉二十年的品质。□农夫山泉二十周年广告片《一百二十里》

7547次观看   03:00

图 5-1-4　瑞幸在微博平台　　　　图 5-1-5　农夫山泉在微博平台发布的文案
　　　　发布的父亲节文案

要领三：情境导入

情境导入能够增强用户的体验感。在撰写微博文案时，要有目的地将宣传的产品或品牌融入特定的情境中，经过情境渲染或描述，可以将产品或品牌与该情境进行"绑定"，让用户毫无违和感地接受其信息，并在有所需要时第一时间想到该产品或品牌。

图 5-1-6 所示为雅诗兰黛官方在推出某款精华时发布的一条微博，这条微博将影响皮肤状态的一些因素很直观地罗列了出来，让用户对照自己是否有同样的问题，从而使其对号入座，激发购买产品的欲望。

要领四：发起话题

微博是强互动平台，以"话题"为主，制造互动是微博官方账号常用的手法。

例如小米手机在国庆节期间发起了一张照片打卡国庆的主题活动，巧妙结合了节假日的时机，突出了小米手机的摄影功能，如图 5-1-7 所示。

雅诗兰黛
21小时前 来自 雅诗兰黛的小店

小长假嗨玩上头，开工后压力暴增，
敏感泛红还爆痘？

别慌，全新#雅诗兰黛SOS闪修精华#
帮你科学应对各种泛红！
根源阻击泛红成因母体IL-1α，
即刻一抹，泛红减褪-48%！
敏感肌挚爱的水相质地，
一抹吸收，后续叠加无负担~
强韧肌肤屏障，高效回归不红不敏好状态，
自信开工迎接挑战！

双11重磅启 ... 展开

小米手机
10-5 23:57 来自 Xiaomi MIX Fold 3

#一张照片打卡国庆#第七站，苏州打卡！
旧姑苏，枕金陵，
一梦寒山，两处闲愁。#小米13#
你的打卡照长什么样？评论区分享一下！

图 5-1-6　雅诗兰黛在微博　　　　图 5-1-7　小米在微博平台发布的文案
　　　　平台发布的文案

要领五：关联营销

关联营销是指不能只为自己的产品撰写推广文案，还要在文案中与其他品牌账号进行关联合作，这种"抱团取暖"的营销方式很容易引起用户的关注。一般情况下，相互合作的品牌账号之间要有关联度，可以是产品之间互相搭配，也可以是产品调性相同。

例如临近年终，是电商们回馈用户搞促销的时候。苏宁易购曾以"苏宁易购新愿季"为主题，进行了一大波促销活动，其中涉及家电、3C、厨电、家装等品类。为了推广12·8家电风暴日，苏宁易购在官方微博上撩起了一众品牌，如图5-1-8所示。

图 5-1-8　品牌在微博平台发布的文案

（三）小红书

小红书是女性聚焦下的生活化内容种草平台，女性用户占到了80%。像一些美妆品牌已经把小红书当成了必投的一个平台。小红书是更生活化的一个平台，拥有丰富的好物测评与内容分享。注重真实口碑的建立，主要以高质量的KOL/KOC为主，进行口碑蓄水。

1. 小红书文案的特点

（1）真实。

小红书的"魅力"在于集中垂类KOL和KOC铺量，内容可信度高。大量的KOC内容将产品、商品用途等用生活化的方式呈现出来。用户关注某KOL的最主要原因是该KOL所发内容实用性高，尤其在用户认定其为真实使用者，信赖度会增加，因此小红书的文案更侧重真实。

（2）美好。

美好生活是海内外不同国家和地区、不同人群之间最大的现实追求和情感共鸣，在小红书上写作者通过创造场景、讲好故事等润物细无声的方式，提供的用户可及的"优雅"生活样本，让海内外青年人之间对美好生活产生更深度的认同，是种草的前提。

2. 小红书文案的写作要领

小红书图文可以来强调产品卖点及品牌背书，视频笔记则更重视产品的展示。在小红书大量铺设口碑内容，可以缩短消费者从种草到拔草的过程。

很多人使用小红书的理由，就是把小红书当成资料获取、学习成长的地方。尤其是"90后"和"00后"年轻人习惯用小红书来答疑解惑，并且会努力靠近自己喜欢的博主，变得和他们一样优秀。

写作上注意：

要领一：内容垂直

持续输出同一个领域的内容，如果穿搭博主，就一直发穿搭内容；如果读书博主，就一直发读书相关的内容。除了内容领域之外，其他的账号属性，比如头像、个人简介、昵称、笔记封面等，也尽可能保持一致，形成统一的风格和属性，降低用户的记忆决策成本。

要领二：标题尽可能多地覆盖关键词

小红书的内容推送和关键词有关，因此笔记标题覆盖的关键词越多越好。比如标题为"小众韩系春日学院风穿搭"的文案，就覆盖了"小众""韩系""春日""学院风""穿搭"这5个关键词。于是，系统就有更大概率将笔记推荐给搜索、关注过"小众穿搭""韩系穿搭""学院风穿搭"的各类人，接触更多的潜在受众，提高文案的触达率。

要领三：笔记内容尽可能真实、利他

利他是指你要写的内容对别人有所帮助，如果能够解决某部分人的问题就更好了。自嗨是做自媒体的大忌，一定要站在用户的角度，去发对他有价值的内容。比如对于爱美女性过年如何7天瘦10斤？对于学生党发考试如何超常发挥多考10~20分？对于白领上班族写如何一年读100本书？

图5-1-9所示为达人在小红书平台发布的文案示例。

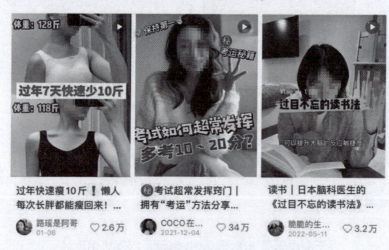

图5-1-9　达人在小红书平台发布的文案示例

（四）H5

在现代数字技术的支撑下，基于H5页面的营销形式被广泛应用，移动广告平台可以把图片、视频、音频、动画等嵌入H5中进行播放，在给用户带来全新感官体验的同时，通过复杂的交互功能实现与用户的交流与互动。

H5即HTML5，是一系列制作网页互动效果的技术集合，是移动端的Web页面。基于H5的移动互联网应用以移动终端网页为运行环境，融合了移动终端的本地能力与Web应用的运行模式，具有丰富的多媒体功能和良好的跨平台属性。它的出现为移动互联网产业带来了新的营销模式，提供了新的发展契机。

1. H5 文案类型

（1）产品介绍类。

产品介绍类的 H5 专注于产品信息、功能卖点的介绍，运用 H5 丰富的表现方式和强大的技术功能尽情展示产品特性，吸引用户购买产品，从而实现企业的产品推广。

（2）品牌营销类。

品牌营销类 H5 致力于品牌形象的塑造，通过传达品牌理念与精神，让品牌形象深入人心，从而达到传播的效果。

（3）活动宣传类。

活动宣传类 H5 一般包括活动介绍、企业招聘、邀请函、会议通知等，采取 H5 的方式能够让活动的呈现方式更加直观，更加引人注意。

（4）总结报告类。

总结报告类 H5 往往应用在品牌周年活动、年终总结、企业报告中。例如，每年"双十一"结束后淘宝推出的购物总结清单，以生动、有趣的形式带给用户独特的体验，又因其为用户量身定制的内容而极具吸引力。

无论哪种类型的 H5 作品，文案都是其最核心的部分。华丽的外表和酷炫的特效可以呈现出十足的新鲜感，为用户打造声、色、光影的立体体验，但当这种新鲜感慢慢褪去，作品便失去了意义。优质的文案是 H5 作品的灵魂，只有用文案赋予作品丰富的内涵，才能使 H5 获得用户的认同，进而实现营销效果的最大化。

2. H5 文案的写作要领

（1）讲述让用户产生共鸣的故事。

单纯的产品推荐或者品牌营销难以吸引受众的目光，而一个有感染力的故事却可以轻易地俘获受众的心，H5 文案的创作也是如此。一个注入情感的故事能够赋予文案更丰富的内涵和更大的附加价值，因此文案创作者在撰写 H5 文案时，可以将受众崇尚的价值观和信仰通过讲故事的方式传达出去，这样更容易让受众产生情感认同，从而使文案产生打动人心的力量。如滴滴的 H5 界面描述了需要远程坐乘的场景，让用户不自觉代入到故事场景中，如图 5-1-10 所示。

图 5-1-10　滴滴 H5 示例

（2）创设场景，让受众"触景生情"。

场景的搭建可以让受众产生身临其境的感觉。生活中熟悉的画面或者故事中一幕幕场景的再现，能够增强文案的真实感，为受众创造联想的空间，从而优化受众的体验感与代入感。

滴滴出行曾推出一款测试类 H5 "生命无价 拒绝酒驾"，如图 5-1-11 所示。在 H5 界面中，创设了天价油画的情景，让用户带着悬念点击查看，虽然页面的变化，呈现在用户眼前的是车祸曲折线路，好似游走在画布上的线条，用"油画"作喻，引入交互和对案情的报道，最后露出主题：拒绝酒驾行动，生命无价，不要在"天价"油画上添上自己的一笔，顺势推荐了滴滴出行的出行服务，强化了滴滴为安全护航的形象。

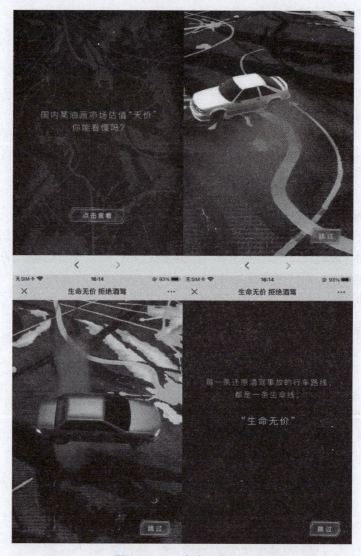

图 5-1-11　滴滴 H5 示例

（3）用情怀触动人心。

优秀的 H5 作品一定具有独特的风格基调，而这种风格基调的产生需要通过在文案中输出情怀来实现。儿时珍贵的回忆、生活中的欢笑与泪水、朴实无华的亲情等都属于情怀，渲染情怀可以起到直击受众内心的作用。

例如，由《北京日报》和快手联合出品为纪念改革开放 40 周年而制作的 H5 "40 年大美时光"，以一部电影放映机为媒介，回到 20 世纪 80 年代、20 世纪 90 年代、21 世纪和当今社会，以这四个时间节点来反映中国改革开放 40 年来的高速发展，如图 5-1-12 所示。该文案通过对不同年代特有的场景进行勾勒，注入了情怀，引发了人们对往昔的怀念，感动人心。

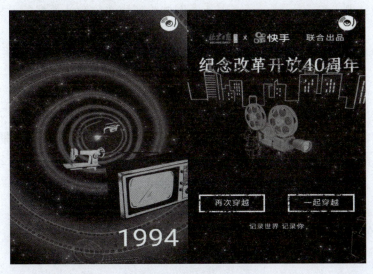

图 5-1-12　快手 H5 示例

（4）设置互动环节，吸引用户参与。

在新媒体时代，没有互动就没有传播。H5 文案中应当设置巧妙的互动环节，让受众体验到个性化的服务。在新技术的支持下，如今的 H5 拥有诸多出彩的特效，如绘图、擦除、摇一摇、重力感应、吹起、3D 视图等，H5 创作者可以将文字与特效搭配起来，让受众参与其中，从而感受 H5 作品带来的乐趣。

例如，德邦快递推出一款 H5 作品《我的快递怎么还没到？》，以辨认签名的方式让大家切实体会快递员的辛苦，如图 5-1-13 所示。进入该 H5 页面后，首先会看到一段动画，讲

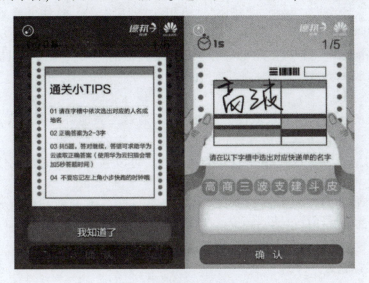

图 5-1-13　德邦快递 H5 示例

述快递员不辞辛苦、风雨无阻，但总有一些难题在考验着他们，那就是各种奇奇怪怪的签名。这个时候，受众需要根据页面中显示的快递单分辨收件人的名字，然后选择对应的文字。如果选择失败，则通过华为 OCR 技术识别扫描显示正确的名字。最后，根据受众的答题成绩生成一张关于其是否适合做快递员的结果页。这款 H5 主要运用文字录入的互动方式让受众参与其中，既新鲜又有趣，还可以让人们体验到快递员辨认签名的不易。

单元二　撰写微信文案

不同于微信朋友圈主要建立在私人关系上，微信公众号更加开放，任何人都可以通过点击链接查看微信公众号文案。因此，微信公众号文案的消费者面更广，传播效果也可能更好，但竞争也更加激烈。如何写出优质的微信公众号文案，让其在众多微信公众号文案中脱颖而出，是电商文案创作者需要重点解决的问题。下面就介绍微信公众号文案写作的相关知识。

一、微信公众号软文写作

1. 标题写作

在微信软文写作中，标题是最不可或缺的一部分，也是吸引读者点击，扩大阅读量最重要的一个环节。标题能否吸引人，很大程度上决定着读者会不会继续阅读。常见的标题写作套路有以下：

（1）悬念式标题。

人们都有那么一点猎奇心理，愿意去探究那些好奇的、不解的事情。企业完全可以抓住粉丝的这种心理，在拟写标题时尽量多留些悬念。

为了突出悬念性，巧用反问、设问等疑问句式，不但悬念意味重，而且还能极大地引起粉丝的好奇心；同时可以用些带有悬念性的、令人思考的词语，比如"原来是这样""万万没想到""据说""天呐""秘密""秘诀""真相""背后"等，这些带着神秘色彩的文字，能够让用户带着猎奇心与猜测去阅读。例如，海信在微信公众号中推出《天了噜，手机已经成精了！》，是海信电视介绍使用手机绑定操作遥控器的一篇文章，可以快速帮助用户通过手机操作，实现转换频道，及时观看节目的目的。

（2）新闻式标题。

新闻式标题的优势在于其权威性、直白性，可直截了当地告诉读者软文的内容，多用于企业发布重大事件、新品上市等较正式的软文。这样的文章出来之后，也可以投放在一些新闻类的网站或者专业性较强的分类网站上，可以强化软文的权威性，吸引更多读者阅读。

新闻式标题要注意呈现时间、地点、人物、事件等基本的新闻报道元素。如《2015'双 12'蒙娜丽莎瓷砖让你做主爽购惠！》，这个标题就将时间、人物、主题元素交代得很清楚，人们在看到这个标题时，便可知道这个软文的内容大概是什么。

（3）故事式标题。

故事式标题可以激发读者的阅读欲望和兴趣，引导读者进行更深层次的思考，达到自动传播和分享的效果。这种方法的重点不是讲故事，而是要用写故事的思路来拟写标题，一个好的故事式标题同样可以起到讲故事的作用。例如，优衣库曾有篇微信软文《那些年傍晚6点，你在电视机前等谁？》，就采用了故事式的标题。开头也沿用讲故事的口吻，回忆儿时的一些事情，情真意切，瞬间带消费者回到了遥远的童年。

（4）情感式标题。

无论是标题还是内容，只要赋予了情感，就会很容易打动人，被读者接受、喜爱，忍不住想要奉上自己的同情心。如2015年5月初，临近母亲节前夕，立顿茶在微信公众号中推出了这样一篇软文：《妈妈，这次换我'宠溺'你》，这个标题很明显就是走的情感路线，抓住了年轻人想要对父母表达爱意的出发点，激发读者去爱自己的妈妈。而且由于标题中运用了"换我宠溺你"这样极富感情色彩的字眼，很容易使人回想到儿时妈妈的爱。

（5）对比式标题。

很多人购物时都习惯"货比三家"，认同"不怕不识货，就怕货比货"的观点。这充分说明"对比"在人们日常生活中是一种常见心态。有比较才有鉴别，有比较才可以挑选出令自己自己满意的东西，这是买方一贯坚持的做法。反过来，对于企业、商家等卖方来说，对比着去卖也不失为一件好事。

对比运用得好也可以促进销售，基于这种思路，在拟写软文标题时也可以采用对比式，即在两个或两个以上相对或相近事物之间做对比，让读者分清好坏、辨别是非，促使读者通过对比分析发现优势，从而最终做出选择。如《华为 MateBook 与小米笔记本应该买哪个？》。

（6）促销式标题。

有时候出于实际需求或者特定需要，软文的标题需要直接以产品+促销的形式去拟写。这样做的目的就是立刻引起读者的购买兴趣，促使其产生购买行为。这类软文的内容也比较简单，大部分以产品介绍和应用为主，用最直接的方式体现出促销活动的力度，让读者一看到标题就会有购买的欲望，否则就有种吃亏的感觉。如中国南方航空在公众号上推送了一篇促销式软文，其标题《逆天啦！新开航国际往返劲爆价 800 元！》。

2. 正文写作

有人将好文章的开头比喻为"凤头"，凤头代表着美，因为凤凰头上的羽毛色彩斑斓、引人注目，给人以美的感觉。也就是说，一篇文章的开头也应该给人以美的感觉，起到先声夺人的作用，才能使人有想要继续看下去的欲望。微信软文由于是起着广告的作用，那在开头就更应该具有"凤头"之美了，下面我们就来介绍微信软文常用的开头形式：

（1）开门见山式。

软文的开头应该从读者的角度出发，直截了当提出所要阐述的内容，引出文章的核心意思，或将重点放在消费者看得见的利益上，这样才能抓住读者眼球，进而让其心动并行动。

太平洋咖啡的一篇软文《揭秘咖啡豆的四种处理方法及其风味特质》中，就开门见山地写道："本期为您介绍四种常见的咖啡豆处理方法。点击下方图片，打开咖啡世界大门！"这样的开头直接告诉读者这篇软文的用意，即处理咖啡豆的方法。

（2）情景导入式。

软文开头的写法还有一种十分常用的方式，那就是采用情景导入的形式，引发读者的情感共鸣。这种方式意在通过营造一种氛围，激发读者的情感和情绪，从而达到一致性效应。这种效应往往会调动读者的阅读兴趣。

在运用这样的形式给软文开头时，还应该注意一些技巧，如可以先设定一个情景，或者圈定一个主题，将读者引领其中，让其慢慢地感悟、体会。如去哪儿网《不想睡得千篇一律》的文章开头，"喜欢嘈杂热闹的生活抑或喜欢平静如水的日子，喜欢人群簇拥的城市抑或喜欢日落而栖的田园，喜欢一群人的狂欢抑或喜欢一个人的孤单，无论你喜欢什么样的世界，我们会带你去到你喜欢的世界"，这样的开头虽然很短，但却可以引起读者对美好生活的思考和期待，顺理成章地引出下文不同的民宿介绍。

（3）提出问题式。

开篇提出问题，可以启发读者进行思考和想象，进一步控制读者的思维，让读者顺着文章的思路走。如星巴克微信公众号上有这样一篇软文，开头运用提问的方式，"想要环游世界品尝各地美食却没有时间没有预算？小星来帮你实现梦想，现在就跟着小星来一场美食的环球之旅吧。味蕾的旅行，出发！"给读者描绘了一幅世界美食之旅的场景，激发了不少读者的无限遐想。

（4）巧妙引用式。

在软文的开头中，如果能引用一些经典的、有趣的、大众喜闻乐见的资料，既可以提升软文的深度和内涵，又可以强化文章的可读性。

与传统引用不同的是，由于微信软文在表现形式上的多样性，在引用对象上也有了更多选择的余地。既可以引用传统的古诗文、名人名言、歌词、民间故事、俗语谚语、歇后语等，又可以引用影视桥段、图片、短视频以及网络热语等，更加符合现代年轻人的阅读口味和欣赏视角。如必胜客在一篇软文《必胜客给你不一样的下午茶》中开篇就引用了《孤独的美食家》中的一句台词："在不被时间和社会束缚，幸福地填满空腹的那一瞬间，他变得随心所欲，自由自在…"，这句话的引用既符合必胜客深厚饮食文化的品牌定位，又可将读者一下子带入到该剧的情境中，使其充满好奇，想要探究孤独而又丰富的吃货感受。

3. 结尾写作

一篇好文章，不仅需要好的标题和好的开头，也离不开一个有趣味的结尾。俗话说"编筐编篓，重在收口"，好的结尾，犹如咀嚼干果、品尝香茗，令人回味再三，能够提升整个软文的层次。常见的结尾形式有以下：

（1）首尾呼应。

首尾呼应，即一篇文章的开头和结尾应该相呼应。如在文章开头提出了某个观点，那么在结尾时也应该再强调一下。这样前有伏笔，后有照应，一可让文章显得更完整，结构更加紧密严谨，主题更加明显突出；二可将读者思路再转移到开头的话题上，加深印象，唤起读者情感上的共鸣。如必胜客曾在公众号上发送了软文《七夕丨不懂她（他）的心？这台机器帮你一键翻译!》，目的是推广自己的两款节日套餐。软文一开始这样写道："恋爱中你是否常常搞不懂对方在想什么？"中间部分大篇幅地介绍新品比萨和团圆套餐，结尾处笔锋一转又回到开头描述的情景："这个七夕来必胜客，搞懂她（他）的心，愉悦她（他）的胃吧！"

（2）归纳总结。

总结是软文结尾运用最多的方式之一，通过前面的阐述和分析，在最后用极简洁的语言对全文进行归纳总结，得出一个高度概括的、有代表性的结论。这样的结尾，有深化软文主题、提升软文质量的作用，同时也能帮助读者对全文有个全面的认识，使读者得到一个清晰明确的印象或点明题意。如某育儿服务机构每周都会在其公众号上定期推送一组育儿知识。这些知识都是以软文的形式出现，既能为用户提供知识，也能很好地宣传自己所提供的服务。

其中有一篇软文《让孩子彻底爱上阅读的 12 种小游戏》是为推广某一本书做的，从题目中看，这篇软文是介绍孩子爱玩的 12 种游戏，结尾处的文字"总之，读了一本书，可以玩的游戏太多太多了。"来回应强调了全篇的内容，让人印象深刻。

（3）发出号召。

号召式结尾在微信软文中运用也较多，即在前文的基础上，向读者提出一些请求或者发出某种号召，以便带动他们做出某种行动，如参与、体验或购买，可以大大加强与读者间的互动。很多软文在结尾时会提要求或号召，这种结尾方式往往适用于具有广告性和促销性的软文。如立顿茶在一篇《送给抽烟的你》的软文中就采用了这种结尾方式，内容在开头和中间分析了抽烟的坏处，以及喝茶的好处。讲完喝茶的好处之后，立顿在软文的结尾处就发出了戒烟的号召："虽然常喝茶可以一定程度上戒烟，但绝非鼓励人们去吸烟，更不能因为喝茶可缓解吸烟的危害而可以肆无忌惮地去吸烟。饮茶只能作为戒烟过程中的一项补救措施而已，以尽可能减少吸烟的危害。因此戒烟是大势所趋，明智之举。"

二、微信朋友圈文案写作

朋友圈是微信的主要功能之一，是一个分享个人信息的平台，用户可以在朋友圈中分享生活趣事、热点事件、个人感悟等内容。很多商家都会以客服的名义注册个人微信号并发布微信朋友圈文案来进行推广。一般来说，微信朋友圈文案的内容不宜过长，100 个字左右为佳，尽量保证文字轻松有趣，不要在一条状态中添加太多产品信息。

相对于微信公众号，微信朋友圈更加私人化，在微信朋友圈中发布文案要注意策略，不能随意地天天刷屏，这样很容易引起消费者的反感，得不偿失。因此，发布的微信朋友圈文案既要有可看性，同时又要实现营销的目的，这就需要商家掌握以下方法。

1. 分享生活感悟

每个人在生活中都会有一些感悟，商家可以用文字将亲身经历的感悟描述出来，分享到微信朋友圈中。如果微信好友也有类似的经历，就会唤起他们的情感共鸣，继而拉近双方的情感距离，增加产品或品牌营销的可能性。

2. 发表互动话题

互动是加强社交关系的一种方式，可以直接在微信朋友圈中发表一些互动性较强的话题，让微信好友都参与讨论，选择的话题最好比较接地气、有趣，让多数消费者都感觉有话可说，尽量避开争议大、敏感的话题。

3. 分享产品信息

对于商家来说，最重要的还是推销产品，所以可以适当在微信朋友圈中分享产品的相关信息，如产品上新、产品促销等。但是分享产品信息不能太频繁，一天一到两次或两天一次为佳。

4. 分享消费者评价

商家在微信营销的过程中，也需要跟踪物流信息，当物流显示商品到达消费者手中的时候，还需要消费者进行确认。当消费者使用之后，商家可以让消费者分享一下使用感受、产品使用效果等。

5. 分享专业知识

在微信朋友圈中分享专业知识，能帮助消费者解决一些实际的问题，增加产品在他们心目中的专业度和可信度，为以后的销售打下坚实的基础。

单元三　撰写微博文案

微博是一个分享简短实时信息的广播式的社交网络平台，用户数量非常大，发布信息和传播信息的速度也非常快。如果微博博主拥有数量庞大的粉丝，则发布的信息可以在短时间内传达给大量消费者，甚至形成爆炸式的推广效果。因此，微博成了商家营销的必争之地。同时尽管微博每天产生的信息数量非常庞大，但用户一般都只会关注自己感兴趣的信息。因此，激发起消费者兴致的文案是传播的关键，除了通用的文案写作方法之外，微博文案也有自己特定的写作技巧。

1. 利用话题

微博中的热门话题往往是一段时间内大多数消费者关注的焦点，凭借话题的高关注度宣传产品或服务，可以快速获得消费者的关注。热门话题营销是一种借势营销，在选择热门话题时，应注意热门话题的时效性。热门话题营销还要注意文案的措辞，不能使用生硬、低俗的话语进行牵强附会，一定要保证文案与话题之间的自然关联与协调，不能引起消费者的反感。

2. 解答疑难

微博文案要引起消费者的关注，其素材除了选取新闻故事、热门话题外，还可选取与消费者工作、生活息息相关的话题或消费者普遍面临的问题、难题。电商文案创作者若能针对这些问题给出好的解决方案，就可以得到消费者的认可。

3. 发布产品测评

产品测评类微博文案写作门槛较高，适合具备一定专业知识的电商文案创作者。特别是数码产品、小家电等一些消费者不大了解其原理、使用效果的产品，消费者在购买前通常会参考网上的相关测评。如果能把自身具备的产品专业知识利用好，深度分析产品的功能、质量、使用感受等，写出既有见解又通俗易懂的微博文案，就很容易获得较高的收藏量和转发量。

4. 灵活运用三要素

微博文案主要是通过对微博进行转发、评论和点赞等互动行为来进行文案的传播的，在写作文案的过程中，适当地添加话题"##"、@、链接3个要素，可以增加文案被受众查看的概率，扩大文案的传播范围，提高文案推广营销的成功率。

（1）话题"##"："##"代表参与某个话题，在文案中添加话题，可以让微博自动与话题连接，让微博被更多受众搜索到，这样也可以提高微博文案被更多受众看到的概率。

（2）@：@相当于一个传送带，任何人在微博都可以@关注的人或其他人。被@的人将会收到通知，点击就能看到原微博内容。在微博文案中应至少添加一个微博用户以确保至少有人会读它，幸运的话他会和粉丝分享。

（3）链接：若将链接放置在微博文案中，不仅能丰富文案的形式，还有利于文案的变现，链接包括网址链接、产品页面链接、文章链接和视频链接，只要是你认为有用的、可以分享给粉丝的内容都可以以链接的形式放在文案中。

拓展学习

讲好企业故事"五法"

讲好企业故事是现代宣传和营销的一种趋势，因为故事是人们理解和认识世界的方式之一。而在讲述企业故事时，可以采用以下五法提高讲述品质，吸引听众的兴趣和共鸣。

一、选择正确的主题

企业故事的主题直接关系到其受众和影响力。选择一个恰当、有意义、引人入胜的主题可以让听众更有共鸣。比如，可以讲述企业艰难创业的故事；也可以讲述企业社会责任和环境保护的故事；又或者讲述企业文化和品牌形象的故事等。在选择主题时，需要考虑企业定位和目标群体，以便找到最适合的主题，提高讲述效果。

二、准确表达故事背景

企业故事的背景是讲述故事的必要前提。需要深入了解企业所在行业和市场背景，了解企业历史、创始人、运营模式和文化理念等方面的信息。当讲述企业故事时，需要准确表达这些信息，以便听众更好地理解和认知故事的背景。同时，借助多媒体工具和配图等形式，可以让听众更加生动地感受到故事的真实感和感情色彩。

三、强调故事情节

故事情节是讲述企业故事的核心内容。好的故事情节需要有紧凑又有深度的内容，既要引人入胜，又要恰到好处地表达故事的主题。在讲述企业故事时，需要注意讲述的逻辑顺序和时间流程，让听众能够跟随故事情节的走向，并且留下深刻的记忆印象。

四、注重细节和形式

细节和形式往往能够增强故事的真实感和感情色彩，让听众更加深入地感受到故事的影响力。在讲述企业故事时，应该注重细节的刻画和形式的表现，如语言的质感、形象的生动、节奏的变化等方面。在企业故事中引入具体数字也可以有效提高听众的话语权和认知度。

五、引入读者反馈和体现价值

企业故事的媒体发布和传播过程中，不仅要吸引听众的注意力，更要引出听众的自我的反馈和体现价值。可以在文字或视频中加入听众的反馈和评论反馈的意见，让听众能够更好地参与和分享，从而增强企业的影响力和形象。同时，在企业故事中还可以突出产品或服务的特点，强调企业的社会影响力和行业价值，从而提高营销的效果和声誉。

任务实训

在口腔健康领域，据尼尔森数据显示，云南白药牙膏已连续4年成为中国口腔护理行业市场份额第一品牌。云南白药为给消费者带来更全面更专业的口腔呵护，在牙膏之外推出专为脆弱口腔研发的彩虹牙刷系列，培养国人科学周全护理口腔的使用习惯，同时提升国人口腔健康品质，进一步引领口腔健康生活新方式。

以下是彩虹牙刷系列的基础信息：

牙刷：云南白药云感彩虹牙刷。

专为脆弱敏感口腔设计，避免因刷牙用力过度造成口腔黏膜损伤，在口腔溃疡、牙龈疼痛时期也不会刺激口腔。

全身包胶设计：软糯入口，不刺激脆弱的口腔黏膜。

超 90 度弯曲高弹刷颈：减缓牙龈受力、避免口腔损伤。

三重分区刷毛设计：分区护龈、清洁盲区。

前段：蓝色区——0.15 mm 柔软毛。深度清洁牙缝、智齿，灵活好用。

内部：粉色区——0.18 mm 柔韧毛。强力清洁牙齿表面，牙菌斑无处可藏。

外圈：白色区——0.12 mm 超软毛。特柔护龈，碰到溃疡也不刺激。

请完成下列任务：

发掘云南白药百年品牌的治愈因子，在微信公众号推出面相 Z 世代年轻群体的微信软文，传达云南白药治愈口腔的产品理念，推广彩虹牙刷系列产品。

创新创业案例

撰写短视频文案

案例导入

古有"文以载道"，现有"文能载商"。文字不仅用来记录，在新媒体时代也承载、连接着商机。短视频行业无疑是近年来发展速度最快的行业之一。抖音、快手、西瓜视频和微视等短视频平台不断涌现，拥有了庞大的用户群，也顺势成为商家营销的必争之地。

想象一下，某知名美妆博主发布了一条仅 30 秒的短视频。视频中，她轻轻一抹，一款看似普通的唇膏瞬间在她的双唇上绽放出了令人惊艳的色彩。但真正让这条视频爆火的，不是那精致的妆容或高超的化妆技巧，而是那句直击心灵的文案："不只是色彩，更是自信的宣言。一抹之间，让你在每个瞬间都闪耀不凡。"

这条文案，简洁而有力，它不仅仅描述了产品的功能——美丽的色彩，更深入挖掘了消费者的情感需求——对自信的渴望。在短短几秒钟内，它建立起了产品与消费者之间的情感链接，激发了观众的购买欲望。

结果如何？视频发布后不到 24 小时，这款唇膏的销售额就突破了百万大关，社交媒体上更是掀起了一股"自信唇色"的潮流。这就是优秀短视频文案的带货力量，它能在无形中引导消费者，让产品在众多选项中脱颖而出，成为市场的宠儿。

我们不难发现，短视频文案并非只是文字的堆砌，它是品牌与消费者沟通的桥梁，是激发购买欲望的催化剂。在接下来的章节中，我们将一起深入探讨如何撰写短视频文案，让短视频成为带货的利器。

【思考】

1. 短视频文案与微信软文之间有什么区别？
2. 优秀短视频文案的特点有哪些？

学习目标

知识目标

1. 掌握短视频文案的写作要点
2. 掌握短视频文案脚本的基本构成
3. 学会运用创意元素和语言技巧，提升不同类别短视频文案的传播效果

能力目标

1. 能够借鉴与模仿优秀短视频文案的写作思路
2. 能够提升短视频创作的构思能力、策划能力

3. 能够独立完成高质量的短视频文案创作

素质目标

1. 培养学员的社会责任感，鼓励在创作中传递正能量，弘扬社会主义核心价值观

2. 注重内容的原创性和版权意识，提升学员的职业素养和道德水平

单元思维导图

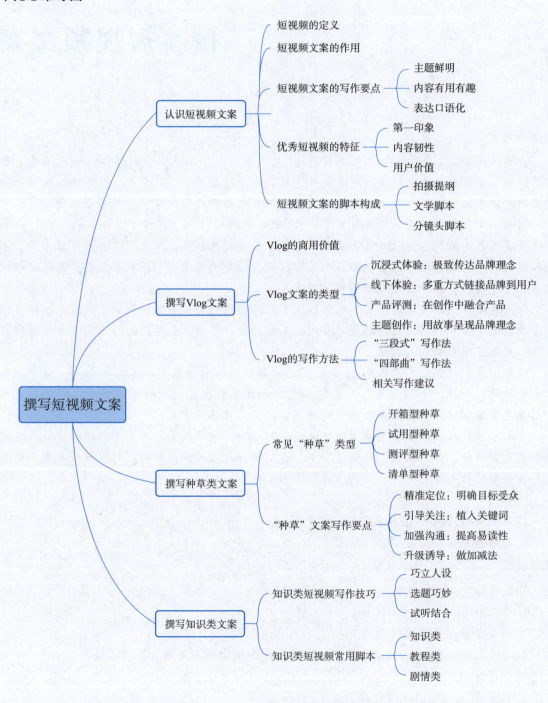

单元一　认识短视频文案

当前，短视频行业已经成为互联网行业发展的新风口。根据《2023 年中国互联网网络发展状况统计报告》数据显示，截至 2023 年 6 月，中国网民规模总量达到了 10.51 亿人，同比增长了 5.4%，占全球网民总量的 23.4%，位居世界第一。中国网民使用的设备主要有手机、电脑、平板、电视等，其中手机是最常用的设备，占比达到了 98.6%。而移动互联网环境的日益成熟，保证了碎片化时代的触网体验，短视频逐渐成为用户上网娱乐的主要形式。从美拍到快手、抖音，从 papi 酱 "一夜爆红" 到一大批网红 "争奇斗艳"，短视频的蓬勃发展引发了一场覆盖内容、社交和营销等多个领域的变革。

一、短视频的定义

业界一般按时长将视频分为短视频、中视频、长视频三类，但划分依据并不是一成不变的。例如，对于抖音、快手之类的短视频平台，15 min 的视频即可称为长视频，而在 bilibili、腾讯视频、爱奇艺等视频平台，3 min 以内的短视频比比皆是。短视频分类如表 6-1-1 所示。

表 6-1-1　短视频分类

类别	短视频	中视频	长视频
时长	<60 s	60 s～30 min	>30 min
展现形式	以竖屏为主	以横屏为主	以横屏为主
典型代表	抖音、快手	西瓜视频、bilibili	腾讯视频、爱奇艺
主要视频类型	创意类	知识科普类、生活类	影视类

二、短视频文案的作用

短视频尽管时长有限，但相比单纯静态的图片、语言、文字来说，信息承载量更大，包括从语言、图像到人物表情等各种不同的形态，能更精准地传递用户想要表达的信息。而短视频文案在短视频制作中起着非常重要的作用，主要包括：

（1）引导观众了解视频内容：短视频文案通常用简洁明了的语言来描述视频的主题、内容和亮点，帮助观众在短时间内了解视频的重点，从而吸引观众的注意力并提高观看率。

（2）推广产品和服务：通过在文案中巧妙地引入产品或服务，展示产品的特点和优势，从而吸引潜在客户的关注，提高知名度和销售量。

（3）增加视频曝光率：短视频文案中能够更加完整地帮助用户把想表达和呈现的场景表达出来，同时可以嵌入微博和微信公众号等软文中增加曝光率，引导用户自发分享到自己的社交圈，让更多的人了解和关注品牌内容。

三、短视频文案的写作要点

1. 主题鲜明

短视频文案一般篇幅较短，讲求信息的鲜明性和诉说的逻辑性。因此短视频文案需要重点突出，对用户有致命的吸引力，一般可以简单明了地直击用户痛点，引起他们的关注。例如"脸小一厘米，至少显瘦十斤，这个办法一定要学起来，你们有没有脸大的烦恼呢?"，这个文案直达脸大用户的内心，让他们想起自己经历过的烦恼，甚至可能加入评论区的热议中。

2. 内容有用有趣

短视频文案要讲求信息的有效性，通过清楚、准确地传达信息，与用户建立长期黏度的关系。因此从业者一定不要只做"标题党"，一旦让用户产生"被骗"心理，久而久之就会厌倦，进而选择"取关"。

此外，在新媒体时代，平庸无味的内容很容易被埋没于茫茫信息之中。在讲求有用的同时也要追求语言的趣味性，避免干巴巴地论述，以满足用户愉悦心情的需求。例如，微信视频号@硬核不软的班班的"我哭着对你说，干饭人你呀被骗了"，就是一则以有趣的方式讲述了何为麦饭石锅的视频标题。这种表述方式激发了用户的好奇心，使用户产生"看戏"心理，有效地推动了信息传播。

3. 表达口语化

短视频文案和普通文案一个较大的区别是短视频文案需要被念出来，因此这些进入用户耳朵的内容要符合听的规律，要从文案的语感去试听内容。要求文字的描述尽量口语化，尽可能地避免太专业或复杂的词汇出现。此外，文案要多用短句，降低用户对内容的理解成本。

四、优秀短视频的特征

在"内容为王"的时代，一篇好的文案可以迅速提升视频的点击率、转化率，增加付费率等，而互联网时代信息过载，以及人们不知不觉身处的信息茧房，都增加了品牌获取用户注意力的难度。优质短视频要最大化地体现自身价值、快速吸睛，应当注意以下几个方面:

1. 第一印象

一则高水准的广告首先应有防止用户注意力流失，创造好的第一印象的能力，第一印象大多是感性的，用户会基于自己的喜好对广告内容进行初步的判断，决定去留。因此素材前3~5秒在吸引用户注意力方面极其重要，视频文案从业者应当注意以下几点:

要点一：高诱惑力的前置信息

"娓娓道来"不是短视频最好的信息表达方式，我们需要在最短的时间内告诉用户"看完这条视频你能得到什么"，这就能靠信息前置来实现。通常而言，那些具有悬念性的、治愈力的、与用户日常生活关联度较高的，或者是有冲突感的信息，更能吸引用户观看的兴趣。

例如许多抖音大V，就会在视频的开始就告诉用户这则视频的主要内容，譬如"小猫咪有多会哄人开心"，这就是一则蕴含治愈力的信息;"在中国待久了后的老外回国后日常"，这条信息中就含有一定的冲突感，让人忍不住想一看究竟。在抖音上坐拥3 500多万粉丝、获赞量超14亿的媒体类账号"四川观察"，其选题范围非常广泛，涵盖时事新闻、趣味娱乐、奇闻逸事等，但仔细分析它的内容，会发现很多视频的开篇都会呈现给用户一些新鲜、有趣的前置信息。比如"除了种土豆，还有两种职业也适合火星"，容易引发用户好奇心;又比如，"河南许昌假发产业带生产世界80%的假发"，用大数据让用户忍不住一探究竟。

总之，这类被前置的信息不仅能让用户在一开始就清晰地了解到看完这则视频能收获什么，建立起心理预期，同时也能通过高诱惑力的信息迅速吸引用户注意。

要点二：打破"第四堵墙"

第四堵墙（fourth wall）是一个戏剧术语，一般一个舞台的内景只有三面墙，面对观众席的那面在物理意义上不存在的"墙"，就被称为"第四堵墙"。

打破第四堵墙是一种艺术手法，能让观众摆脱原有的沉浸式体验，起到提升内容戏剧性的效果。这种手法在舞台戏剧、影视作品、游戏里都能看到。

比如在美剧《纸牌屋》中，男主角弗兰克就经常"打破"荧幕和观众说话，为观众分享剧中的一些关键信息或是他的内心独白。

在抖音等短视频平台上也一样，比如在视频的一开始，视频表演者就对着屏幕说"别划走"或者"等一等，听我说完"。这种直接与用户"对话"，通过打破用户沉浸式的观看来达到吸引用户注意力的目的。

要点三："耳虫"音效

对于短视频而言，音效也是一个非常重要的元素。抖音平台上那些高流量的作品，往往离不开各种流行的音乐片段，也就是所谓的网红"神曲"。这些音乐因为出现的频率高，往往能形成耳虫效应，让这些音乐片段不由自主地反复在用户的脑海中播放。

当用户刷视频时听到这些"耳虫"音效时，就会形成条件反射，激发出一些特定的情绪，从而形成对内容的特定的期待。

比如有的背景音乐自带喜剧效果，有的背景音乐自带治愈效果，视频音乐一响起时，用户就大概知道这则短视频的风格是什么，从而能迅速进入视频氛围。

2. 内容韧性

当一则短视频通过"黄金三秒"初步留住了用户之后，接下来要考虑的，就是如何确保用户不会中途"溜走"。在抖音平台的推荐机制中，完播率很大程度上决定着一个抖音短视频的流量。视频网站的推荐机制也会认为完播率高的短视频对用户更具吸引力，内容质量更好，在此基础上会给予进一步的推荐和流量扶持。为了更好地提高内容韧性，文案从业人员需要注意：

要点一：利用反转

反转，是很多爆款短视频常用的手法。在剧情中埋入反转，往往能产生意想不到的戏剧效果，满足用户的好奇心和娱乐需求，能在用户看完前 3 秒和看完整个视频之间制造一个强有力的"钩子"，让用户不至于看到十秒、十几秒就将视频划走，从而提升视频的完播率。比如在抖音上常见的"换妆"反转：一个长相平平无奇，甚至有点邋遢的女孩，镜头一切之后就摇身变为一个惊艳的美人，前后的反转会让用户体验到视觉的冲击。除了视觉上的反转，剧情上的反转也能让用户收获刺激与快乐。

要点二：制造悬念

除了"反转"，在开篇展现"悬念"或者在开篇预告视频中有"彩蛋"，也是一种钩住用户的小技巧。"悬念"能让用户在好奇心的支持下尽可能久地观看视频；而许多短视频在开篇就会告诉用户"视频末尾有彩蛋"，让用户带着发掘彩蛋的预期去看完视频。

要点三：巧设彩蛋

另外可以制造期待：很多广告制造者出于惯性，总会过早地暴露广告目的，这样的做法会极大地消磨掉用户的观看热情。或许我们可以多一点借助悬念、热梗、剧情结构……紧紧抓住用户的注意力。

3. 用户价值

用户乐于观看短视频，是想要得到它们中夹带的"价值"，这些价值可能是干货知识，可能是让用户得到快乐的段子……一支广告内容想要被用户喜爱，同样也需要为用户提供价值，以下是短视频平台内容最常见的5种价值：

知识价值：把广告变成一个"知识小课堂"，用干货吸引观众；

互动价值：利用用户声援、分享、展示自己等动机，让广告能诱发人们的"模仿""转发""点赞"等参与行为；

审美价值：让广告更"养眼"，更"好听"，用审美趣味吸引观众；

情感价值：借助内容调动受众喜怒哀乐的情感，进而传递广告信息；

娱乐价值：幽默的短剧、有趣的表达都能让广告更受欢迎。

创作这类视频文案时要注意"三不要"：不要全篇都是严肃生硬的内容，注意氛围的活跃性；不要一味模仿他人作品，要有自己新颖的知识点，传递的知识和技能要有一定的实用性，贴近生活；不要过度使用除传递知识本身外的其他花哨的辅助性功能，以免影响视频传播的初心。

例如，抖音账号@摩登大自然致力于以风趣幽默的方式传递科普小知识，其第66集视频"一条蚯蚓切开后真的能变成两条吗?"就趣味性地通过描述蚯蚓一家三口各自把自己切开来完成自己的娱乐项目来告诉用户，蚯蚓被切断后真的有机会长成两条新的蚯蚓，但也得看被切断的位置和方式，并在视频最后自然流畅地导入"摩登大自然动态百科全书"这一产品。这条视频点赞量217万，评论量1.1万，转发量3.9万，成功获得用户的青睐。

再如，抖音账号@语文山水在2021年4月5日的一条视频爆粉138万，"别出心裁的自我姓氏介绍，九对同学课堂表演。那么，你姓什么?"

"你姓什么?"

"我姓周，一个星期的周。那你姓什么?"

"我姓鲁，周树人的鲁。"

"我姓陈，橘子皮放久了的陈。"

"我姓钱，美元英镑的钱。"

……

视频中，每位同学对话前半句字数相当，有对联的工整意味，而且在介绍时，后半句中"的"字之前都没有出现姓氏本身。透过视频，用户可以通过非常有趣的方式学习语文知识，加上真实的课堂场景，能将人一秒带回中学时期的课堂，和谐友爱的师生情，也让人心中暖意满满。

诸如此类让人哈哈一笑的娱乐价值、让人耳目一新的审美价值、让人乐在其中的互动价值、让人恍然大悟的知识价值、让人心潮澎湃的情感价值能让我们的广告更值得一看。

五、短视频文案的脚本构成

在拍摄短视频时，盲目、无规划地拍摄会造成资源的浪费和素材的冗杂，也就难以创作出高质量的短视频，所以短视频脚本的写作便成了短视频制作的重要环节，优质的脚本对短视频的拍摄可以起到提纲挈领的作用。

"脚本"一词属于编剧术语，指表演戏剧、拍摄电影等所依据的底本，或者是书稿的底本，它是故事情节发展的大纲，决定着作品的走向，以及拍摄的具体细节。随着短视频发展的日趋成熟化，脚本逐渐被应用到短视频制作过程中。

短视频脚本是为了获得最佳的画面效果，在短视频拍摄之前构建的故事基本框架，包括人物对白（解说词）、场景切换、时间分割，以及动作、音效等。短视频脚本是服务于短视频拍摄的一种工具，是高效、高质完成短视频制作的重要手段。短视频的脚本类型主要包括三种：

1. 拍摄提纲

拍摄提纲是为短视频拍摄制定的大致框架，它包含了短视频拍摄的基本要点，是短视频最终呈现的大致轮廓。在拍摄纪录型或故事型短视频时，由于拍摄细节存在不确定性，镜头难以预先划分，拍摄者可以依据拍摄提纲在拍摄过程中灵活调整所要表达的内容。

拍摄提纲一般包括五个部分，如表6-1-2所示。

表6-1-2　拍摄提纲组成部分及说明

组成部分	说明
主题	明确立意，为拍摄者确定创作方向
视角	寻找独特的切入点，更好地表现短视频主题
体裁	根据体裁确定拍摄要求及表现方法
风格	确定短视频的创作基调
内容	用具体的场景架构指导短视频拍摄

2. 文学脚本

传统的文学脚本是指各种小说或故事经过改版后，方便以镜头语言来完成的台本方式。对于短视频创作来说，文学脚本既沿袭了传统的制作初衷，又被赋予了新的形态。

短视频文学脚本以文学的手法描述短视频的情节发展，把拍摄者所要呈现的视听效果以文字的形式传达出来，从而形成一个较为完整的流程。它将整个作品中可控场景的拍摄思路用文字诠释出来，是一种较为详细的脚本形式。

3. 分镜头脚本

对于短视频拍摄来说，分镜头脚本是最为详尽的脚本形式，是将文字画面转化为视听立体形象的重要环节。它参照拍摄场景的具体情况，以拍摄提纲或者文学脚本为基础，运用蒙太奇手法将短视频的画面内容加工成一系列具体、可感、可供拍的镜头，是镜头语言的再创造。

分镜头脚本一般采用表格的形式，将镜头号、景别、画面、时长、对白（解说词）、音乐音响等按顺序制作成表格，分项填写。拍摄者可以根据不同短视频的拍摄需求，灵活安排表格项目，如表6-1-3所示。

表6-1-3　短视频分镜头脚本表格类型及项目说明

表格	项目说明
镜头号	按组成短视频的镜头的先后顺序依次编号
景别	以远景、全景、中景、近景、特写的拍摄角度来表现整体或者突出局部
画面	用精练、具体的语言描述出要表现的画面内容
时长	每个镜头的拍摄时间精确到"秒"

表格	项目说明
对白（解说词）	每个镜头下人物的对白，或者对画面的解说
音乐音响	为配合镜头画面安排的音效，可以起到烘托情境的作用

下面围绕"毕业季"这个主题，列举三种不同类型短视频脚本的写作范例。

第一种："毕业季"短视频拍摄提纲，如表6-1-4所示。

表6-1-4　"毕业季"短视频拍摄提纲

主题	在毕业季，校园中的莘莘学子结束了四年的校园生活，面对离别，他们心中有太多的感慨与不舍，然而毕业不是青春的结束，而是青春的续航，毕业了，请带着四年的收获，怀揣梦想，拥抱新生活
视角	从大学生活的各个场景入手，通过对生活、学习、活动不同侧面的刻画，反映难忘的校园生活
体裁	纪录片型短视频
风格	虽有淡淡忧伤但充满希望
内容	场景一：校园大门外一群身穿学士服的毕业生从各个方向走来，站定，拍毕业照。场景二：运动会骄阳似火的九月，几位同学在操场跑道上比赛。场景三：学生参加辩论赛，两位辩手唇枪舌剑。场景四：安静的教室、空荡的教室，写满毕业送别话语的黑板

第二种："毕业季"短视频文学脚本。

阳光明媚的校园门口，一群身穿学士服的毕业生从各个方向走来，他们说着、笑着，慢慢地聚集在一起站定，"咔嚓"一声，画面定格在学生热情洋溢的笑脸上。

时间回到从前，一帧帧回忆的画面涌入脑海。运动会上，骄阳似火，几位同学在赛道上驰骋，他们表情坚毅，脸上挂满汗水，周围一片鼓励喝彩的声音；辩论赛上，两位辩手唇枪舌剑，气氛紧张而热烈。

最后，记忆回到现实，毕业了，教室里不再熙熙攘攘，空荡而又寂寞，黑板上赫然写着"我们不诉离别，只记住青春最好的模样！毕业，不是青春的结束，而是青春的续航！"

第三种："毕业季"短视频分镜头脚本，如表6-1-5所示。

表6-1-5　"毕业季"短视频分镜头脚本

镜头号	景别	画面	时长	对白（解说词）	音乐音响
1	远景	校园门口，阳光普照，一群身穿学士服的毕业生从各个方向走来	15 s	—	背景音乐《光阴的故事》
	中景	他们互相交谈着，脸上洋溢着笑容		—	
	近景	毕业生慢慢聚集在一起，脸上仍然挂着笑容，画面定格，拍成照片		—	相机按动快门的"咔嚓"声

镜头号	景别	画面	时长	对白（解说词）	音乐音响
2	中景	运动会上，五名学生穿着运动衣奋力奔跑	20 s	—	鼓掌喝彩的声音，背景音乐《青春纪念册》
	特写	脸上表情坚毅，挂满汗水			
3	近景	辩论赛上，正反方辩手相对站立，一方辩手正在论述观点	20 s	正方辩手：正所谓"不积跬步，无以至千里，不积小流，无以成江海"……	背景音乐《青春纪念册》
4	近景	教室里，空荡且安静；黑板上，写着毕业寄语	20 s	我们不诉离别，只记住青春最好的模样！毕业，不是青春的结束，而是青春的续航！	音乐从镜头转向黑板那一刻开始播放《青春纪念册》的高潮部分

单元二　撰写 Vlog 文案

　　Vlog，源于 Blog，全称为 Video blog 或 Video log，是一种以视频的形式记录自己生活、旅行、日常等各种经历并分享给他人的互联网日志形式。2015 年，Vlog 之父凯西·奈斯塔特发布了他的第一个 Vlog；2018 年 2 月欧阳娜娜把 Vlog 带到大家面前；2019 年 4 月 10 日，雷军为庆祝小米 9 周年米粉节，拍摄了他人生中的第一个 Vlog。Vlog 这种形式迅速被大家接受，并掀起了一股 Vlog 热，成为广大视频爱好者记录生活的常用方式。

　　Vlog 的最大特征就是使用视频来记录自己的生活，这种方式比传统的文字博客更为生动形象。同时相较于其他视频内容，Vlog 带有更多的个人风格，比如在 Vlog 记录下自然而真实的生活，旅行、观展、绘画、美食等；在 Vlog 里展现喜怒哀乐、嬉笑怒骂，这些鲜明的自我表达都是年青一代独特人格的展现。

　　目前，Vlog 除了记录生活外，也显示出了在主题故事、创意 TVC、产品测评、探店体验、硬广植入、品牌发布会上为品牌助力的能力，因此 Vlog 的商业价值日趋凸显，成为商家抢占消费者心智的新领域。

一、Vlog 的商用价值

1. 展现品牌信息

　　Vlog 视频可随着内容灵活控制作品时长，拥有足够的空间充分展现产品信息以及品牌的价值，助力品牌深度触达潜在消费者。Vlog 视频时长所带来的信息沉淀的优势，在形成用户黏性、产品深度种草方面也有更强优势。

2. 展示品牌精神

　　Vlog 在博主自然平常的叙述中，除了通过"体验式"的软植入展现产品信息外，还可以与镜头另一端的观众建立起更多的情感联系，例如透过某人的 Vlog 做了用户想做的事，去了用户想去的地方，成了用户想要成为的人。借助此类精致充实的生活态度、独立自主的奋斗品质，展现出现代年轻人对美好生活的向往，进而成为品牌文化的输出载体。

二、Vlog 文案的类型

对于品牌来说，Vlog 这一视频形式正在成为新的营销风口。纵观之前的品牌 Vlog 营销，品牌通过 Vlog 占领营销高地的玩法也是很多的。

（一）沉浸式体验：极致传达品牌理念

旅游作为一个需要眼睛去体验的行业，与 Vlog 简直是绝配。法国旅游发展署就邀请时尚博主 SavisLook 记录自己在巴黎的 168 小时，Vlog 将法国的浪漫街头、小吃、洒脱精神，体现得淋漓尽致。SavisLook 就通过这种亲身体验其实体环境、服务和娱乐活动等沉浸的方式帮助消费者形成更加形象具体的感知，进而达到提高宣传方知名度、树立宣传方形象的效果。西安君悦酒店也曾邀请微博上的一对情侣 Vlogger@ KatAndSid 去体验 3 万一晚的总统套房。用 Vlog 现场体验感受的方式，直观地呈现了产品或服务的特点、优势或变化，传达了品牌理念。

（二）线下体验：多重方式链接品牌到用户

品牌邀请 Vloggers 参加产品发布会、品牌展览、探店都是与 Vlog 内容特征相匹配的合作方式。Vlogger 以个人视角记录现场活动体验，从多角度展示活动场景、体验产品或服务，传递产品信息，达到品牌产品曝光的效果。而且相比直播，Vlog 可以通过后期剪辑呈现更高调性的视觉呈现，并对内容节奏进行优化。例如网易有道邀请了 Pingwest 创始人骆轶航、自媒体三表龙门阵、广告营销圈 KOL 姜茶茶、数码测评博主李大锤和一位界面资深记者共同体验了一场开在私人飞机上的发布会，而其中，数码测评博主@ 李大锤同学以 Vlog 的形式现场记录了智能翻译硬件「有道翻译王 2.0 Pro」在飞机上对话、用餐时的真实使用场景，以突出其「离线翻译」的产品功能点，也实现了产品露出、突出了产品功能的效果。

其中灵活变换的场景、生活化的口吻、趣味的成果展示，向受众传达在现场的体验，使 Vlog 内容更加生动有趣。第一视角的呈现方式会让受众感觉到亲切和愉悦，身临其境的感觉也会让现场气氛通过 Vlog 的形式传达，受众也能在沉浸式的体验中增加对品牌的好感。

（三）产品评测：在创作中融合产品

Vlog 中内容创造者持续耕耘创作，开箱及产品测评就是其中常见的形式之一。可口可乐 40 周年，推出了迷你罐限量礼盒，礼盒中包含四罐可乐、硅胶垫以及一本记载 1978—2018 年可口可乐点滴时光的贴纸册。以此为创作素材，Vlog 博主@ Catson 以自身与可口可乐的情感为主线，为品牌制作了一支名为《我的可乐倒带回忆录》的 Vlog。通过回忆录上的贴纸和问答串联，将可口可乐的历史和年代形象地表现出来，以个人情感的视角，来呈现可口可乐 40 周年「时光在变，在乎不变」的品牌 Slogan。这支以记录情感为主的 Vlog，吸引了爱好"讲故事"的年轻人参与到其中，方便受众对产品有更清晰明了的认知，让消费者对产品有了更直观的感受，从而增强消费者的信任度。它更将一个纪念礼盒转变成一个品牌的时代印记和品牌软文化的输出，通过圈层营销，覆盖了更广人群。

（四）主题创作：用故事呈现品牌理念

高度人格化的 Vlogger 们往往自带鲜明的个性特征，品牌与 Vlogger 们合作通过主题创作讲故事来展现品牌精神内涵也是不错的切入点。在竹子与 Puma 合作的主题为#你就这样#的 Vlog 中，竹子和好朋友王怡冰去到海南的一个小渔村待了三天三夜，从渔民和冲浪手身上汲取灵感。在冲浪和对大自然的探索中，传达了自己对生活的理解，也传达了 Puma「Do you 你就这样」的品牌精神。Vlog 中不少对白成了激励受众突破自己的金玉良言，Puma 的品牌精神也在不少观众心中留下了深刻的烙印。

三、Vlog 的写作方法

（一）"三段式"写作法

1. 首段引言

一般在开篇写下问候语，介绍自己与自己的频道，并提出观点，引入主题。

2. 主体段叙述

用"文字+画面"的形式讲述 Vlog 拍摄的主要内容。时长要适中，最好控制在 1 分钟到 5 分钟。内容是 Vlog 最重要的部分，要在合适的时间输出适当的内容，不能记流水账，要能引起观众的兴趣。

3. 升华结尾

结尾段给出结论，升华文案观点，感谢收看，并提醒观众订阅自己的频道。

（二）"四部曲"写作法

1. 亮明主题

在文案开头用 5~20 字亮明主题，主题要能够引起用户共鸣，或是有趣、新颖的，或是严肃、引人沉思的，但无论是什么类型，都一定要在一开始就传递出自己的观点。例如，"带你感受 985 博士的一天""200 斤男友带我去吃自助"，等等，这些就是视频主题。主题一般贯彻整个视频 30%~95% 的内容。

2. 故事开场

想要用好故事开场，首先要明确什么样的故事能够吸引人。一般来说，好的故事具备三个主要特点：信任感、认同感、代入感。可以采用倒叙法或者插叙法，把原有的故事线打乱，也可以开门见山地直入主题，用 20 字左右抓住视频重点，吸引用户眼球，当用户跟着我们的思路思考剧情时，我们就赢了。

3. 情节发展

这一部分主要围绕主题加深观点，也可以联系自身进行表述，主要内容可以是"制造冲突→解决冲突"，也可以是"突发转折→真情流露"，但总的目的是再次引入观点，要求有高潮、有转折。

在情节发展这一部分，可以采用的方法有对比法（紧扣主题）、递进法（由浅入深、由现象到本质、由简单到复杂、由小到大、由表及里）、插叙法（插入解说或回忆）和总分法（事情按不同的发展脉络聚焦）。

4. 总结升华

最后的总结部分，建议用少于 50 字的内容表达前面发生的事件使自己的思想认识或行动力有所提升，也就是总结升华。针对不同的 Vlog 内容，可以采用引用式、号召式等方式，增加与用户的互动性。如果是强调观点的 Vlog，则可以运用首尾呼应的方式重申观点。

（三）相关写作建议

1. 确定选题

拍摄 Vlog 之前先确定拍摄类型，对需要拍摄的内容整体有概念，才能保证整支 Vlog 在拍摄、剪辑和文案写作时不走偏。从内容呈现上可选择以生活、旅游、开箱、测评、美食、美妆、萌宠为切入点，同时需要明确传递一种怎样的观点和结论，并确定 Vlog 的整体风格基调。

2. 个性鲜明

内容过剩时代，流水账对于用户的留存不利。创作前需要提炼出 Vlog 的主题，拍摄前最好准备主题脚本大纲。如旅游人文的 Vlog，张晋的"迷失欧洲"，宣传文案主打深度文艺风："有人忙碌着，有人孤单着，有人追求着，有人爱着……但很多事，物或人，我们都不能永恒拥有，就像不会永远失去一样"，镜头下正是围绕着这样的中心展开的欧洲城市的人、景、物的种种气息，带有迷离和沉醉感。美食类的 Vlog，如抖音美食博主"早啊影影"，一直以制作早餐美食为主题，每次 Vlog 开场都带着慵懒和温柔的声音向粉丝问候一句"早呀，你们起床了没？"，鲜明的治愈风格的系列 Vlog 收获一众粉丝。

3. 故事线清晰

故事线的梳理是文案写作的重点，需要我们标记输出的信息点，目的是简明扼要地说明整件事，并吸引观众目光，包括但不限于在一开始就点明整支 Vlog 所做的具体事情、涉及的具体物件、自己的身份和情感状态，以及一些能引起观众情感共鸣的表达。这样能够让观众在最短的时间内明白发生的事情，或要展示的内容。概括起来就是需要交代清楚："你"是谁？做了什么？遇到了什么？

4. 突出真实

Vlog 重在真实性，它不是演戏，而是个人真实生活的记录。因此与传统品牌宣传片不一样的是，Vlog 允许真实和一定的意外，这些在脚本外的真实、意外的片段捕捉可能会为视频提供更多戏剧性的元素。例如长安福特邀请十年挚友音乐剧演员"双云"共赴十年内蒙游之约，结合福特的传播主题"让路前行，尽兴去享"，通过 Vlog 和微电影形式传递追梦路上，尽兴去享的人生哲学。系列的 Vlog 出片真挚感人，当中也有一些意外的"失误"，如大龙恐高、嘎子滑沙意外弄坏裤子、大龙手持 Gopro 被内蒙风沙吹掉等，在品牌主线框架的基础上，这些情节成为 Vlog 里面灵动的舒适调剂，让 Vlog 更加真实。

单元三　撰写种草类文案

种草的本意为一种人工养殖草的方式，但在互联网平台上种草成为一种"广告形式"，有了新的含义。泛指由于接收到一些关于某物的信息，从而产生自己也想要拥有的想法，或者把某一事物分享或推荐给他人，激发他人购买欲望的行为。例如，今天刷微博无意看到了一张明星走红毯的图片，竟然让我种草了她的裙子；又如，今天被室友种草了一部超级好看的电影，感动得稀里哗啦。

种草类文案在很多行业和渠道应用广泛，在社交电商和内容电商时代，很多品牌、平台（包括公众号推文、微博、小红书、抖音、淘宝以及各大新兴电商）、KOL（Key Opinion Leader，关键意见领袖，如各领域、平台的达人）都热衷于种草，毕竟于企业方而言，种草内容，能够吸引潜在客户的关注，种草发起者，能够聚集粉丝，实现规模的交易。种草还能够促成转化（俗称"拔草"）。于消费者而言，种草能够节省时间，从纷繁复杂的产品中，通过已拥有者、体验者的图文、视频分享，快速作出消费决策，并找到一群具有同样价值观的用户，形成归属感，这一行为带来的巨大商业利益吸引着更多人的加入。

（一）常见"种草"类型

（1）开箱型种草。主要是从用户视角进行展示，通过现场拆开包裹、开箱、撕开标签、试用等步骤，把一件全新的产品多角度呈现给观众，满足观众的好奇心，从而激发购买欲。

（2）试用型种草。主要通过达人亲身试用，分享产品效果、使用感受，真实地还原产品性能，增强用户信任感，从而增强购买欲望。

（3）测评型种草。主要通过一定的理论依据、逻辑框架，对产品的外观、性能、功能等多方面进行测试、评分、评价等，以求达到客观专业的展示产品，增强用户信任度。

（4）清单型种草。主要通过分享者设定一类主题或专场，把多种产品聚集成产品清单，引导粉丝购买，好处是产品自然地植入当中，没有过分倾向性的推广，大大降低观众对推销的抵触心理。

（二）"种草"文案写作要点

1. 精准定位：明确目标受众

种草类文案与其他类型的短视频文案有所不同，要写出一篇优质的种草类文案，首先要知道：我们面对的短视频用户不仅是观众，还是消费者。所以要学会站在消费者的角度看待问题，将需要种草的对象修饰成令消费者满意的商品。这首先就要求文案写作者能够精准定位，明白作品的目标受众，以及这类人群的需求和偏好，在此基础上做好竞品分析，保证商品的独特之处，进而实现超越。

2. 引导关注：植入关键词

除精准定位外，还要保证内容方向正确，也就是要写出消费者想看的，譬如向年轻女性群体推荐美妆、健身产品，向新手妈妈推荐婴幼儿食品、日用品。而互联网平台上，用户的注意力是有限的，内容要让目标用户看见可以用植入关键词的方法。关键词的提炼、植入越精准，越能触达消费者。在提取关键词过程中值得注意：

要点一：从内容数据中提炼关键词

利用平台内的基础数据进行分析，比较直观的就是数据流量、粉丝关注度和所投放平台的时段表现；也可以对自己或同类自媒体号做一些数据分析：按历史文章阅读量进行相关排序，并制成表格，将排名靠前的文章标题进行关键词提炼，再将这些关键词进行类比分析，形成一定的需求文档。这些内容往往直接代表了同质的用户想看什么、需要什么。

要点二：从用户的留言中提炼关键词

用户发表的意见对确定内容方向有很大帮助，在不少的采访中我们都可以了解到，一些种草类博主会在发完种草视频后回复粉丝的需求留言，还会对当天的数据进行整理、复盘。这样，当发现问题时，就可以及时调整下一条视频的内容，确保视频内容与粉丝的需求不脱节。

要点三：收集热词

在日常生活中人们更容易注意到自己已知的、熟悉的东西。而热词往往是在某一时间段内广为人们所熟知的，所以收集热词以便运用这一现象吸引用户目光。收集热词，需要文案写作者具有"网感"，具备对网络信息的敏锐度，能轻易捕捉到网络上正在流行的信息，并写出与之匹配的内容。

3. 加强沟通：提高易读性

种草类文案最忌抽象化。写作的本质在于交流，一篇好的种草类文案一定要建立在"让对方容易看懂"的基础上，只有种草对象看懂，才能理解，进而形成刺激，转化交流。主要写作技巧有以下：

要点一：描述细节

具体的、形象化的、有画面感和故事感的文字更容易触动人们的情感，使人们感同身受，也能让人们更快地理解一件事，人们愿意为其付出时间、金钱、精力的概率也会大大提高。

具体的方法可以是用熟悉的事物取代形容词，以彩妆产品口红为例，形容一支口红的颜色，我们通常不会用色相、色系、明度、纯度来形容，而是用西柚色、草莓红、豆沙色这种人们熟悉且很快能联想到的东西来将颜色具象化。

要点二：用数据表达

比起单纯的文字人们往往对数字更敏感，一堆文字中的数字也更为醒目，人们通常也认为数据更有说服力。所以，文案中一些数据的辅助会更容易激发消费者的购买欲望。在《华尔街日报是如何讲故事的》这本书里，提到了四种数据表达技巧：

（1）用比率来代替很大的数字。数字越小，越容易被记住；数字越大，越抽象。例如，书中的例子"58013261 名美国司机有 14654231 驾驶进口车"，这很难看得懂，但如果用"平均 4 名司机，就有一人驾驶进口车"来描述，就很好理解了。

（2）用简单的方法，把意思表达清楚。

例如，"投票时有 76%的人投了赞成票"可以直接写为"超过半数赞成"。

（3）提供一个参照对象，让数字更形象。

例如，亚利桑那州每年的地下水透支量达到了 250 万英亩英尺（1 英亩英尺 = 1 233.48 立方米），解释道这样的水量足够让整个纽约城浸泡在 11 英尺深的水里。

（4）去掉那些无关紧要的数据。

在一条文案中，使用过多的数据，会让受众感觉在做数学题，虽然有些时候去掉那些数据会像拔牙一样痛苦，但优秀的文案创作者会彻底改造他的数据，让数据多一些具象，少一些抽象。

此外，请一定要记住：引用数据，是为了方便用户理解，而不是给他们添堵，所以要在适当的地方使用数据，不要让数据冗杂。

4. 升级诱导：做加减法

在用户耐心阅读完核心信息之后，可以在文案中继续升级诱导，让种草文案更加灵活。具体可以在文案中做加法：

要点一：加点憧憬

在种草文案中添加一些关于产品的美好联想，例如使用产品时的场景、产品给用户带来的美好感受、使用产品后的情景等可以提高种草力。

要点二：加点情节

添加用户可能会用到产品的一些情节，打消用户对产品的疑虑，让他们下定决心购买产品。

要点三：加点情绪

在文案中添加用户的一些心理活动，如焦虑、激动等，使产品成为用户的"知己"。

除了加法之外，也要做好减法：

要点一：减形容词

减去不必要的形容词，笔记质量的好坏往往并不在于文字本身的华丽与否，而在于文字所表达出来的某种情境与价值观。

要点二：减专业化

过于专业化的描述往往不能深入人心，所以需要去除"专业化"，用通俗易懂的语言向用户介绍产品。

单元四　撰写知识类文案

泛娱乐化短视频在短视频发展初期占据了平台的大多数流量，也助推了平台的发展，但单一发展无益于平台持续发展，泛娱乐类视频逐渐进入疲软状态。短视频平台发展进入了新的阶段，又恰逢受疫情影响，知识类短视频就在这时爆发出了巨大潜力，越来越多地出现在各大平台中，占据了用户的视野。

2019 年《短视频平台用户调研报告》显示，选择短视频平台是为了"浏览有趣的视频内容"的用户占比达 80%，高居第一；而为了"学习有用的知识和技能"的用户数量紧随其后，占比达 65%。而随着时间的推移，《2021 抖音泛知识内容数据报告》显示，2021 年抖音泛知识类内容播放量年同比增长 74%，内容播放量占平台总播放量的 20%，泛知识类内容直播达 100 万场，可见用户日益增长的碎片化学习需求与日俱增。为了迎合受众需要，2021 年 12 月 29 日，短视频社交平台抖音正式上线"学习"频道。用户可通过位于应用首页左侧的"同城"按钮，点击切换并进入"学习"频道，观看人文社科、美食、财经、科普、英语等泛知识类内容，让知识开始真正打破藩篱，而移动化、平台化的知识分享以及获取也正在成为多元时代教育的新趋势。

相较于传统的图文式知识传播方式，短视频传播知识的方式具有知识传播即时化、知识呈现人格化、隐性知识显性化、复杂知识通俗化四大特性。一条几分钟的优质视频将平日里的严肃知识，以更加显像化的形式传递给受众，一改知识艰深枯燥的外貌，消解了人们在高度碎片化、娱乐化的观看环境中产生的空虚感和审美疲劳。同时，以短视频为纽带的知识分享和链接，在拓宽知识边界的同时，也让知识普惠接近现实，拉近了大众与文化知识之间的距离。另外，短视频还可以打破知识传播的壁垒，在社交环境中，人们能更轻松地学习知识。

此外，知识的分享者也不再只限于专家学者的范畴，他们可能是熟悉自身领域的生活达人，也可能是偶然发现某一生活小技巧的普通人，或以有趣生动的语言，或以演示实验的方式介绍着各种有趣的文学、科学知识。而有目共睹的是，知识类内容创作者正在成为新的网红和平台的流量担当。

（一）知识类短视频写作技巧

1. 巧立人设

账号自身清晰的定位和作为传播主体的人或组织的特色形象塑造，影响着账号的辨识度和受众的观看意愿，保持传播主体人物形象前后的一致性。例如知识类博主不刷题的吴姥姥中的主角吴姥姥一直是一头灰白的短发，一副黑框眼镜，一件多功能马甲，在观众心中不断强化传统知识分子的形象，同时其视频内容定位于不刷题也能学好物理，享受科学思维的快乐，因此吴姥姥在视频中把楞次定律、宇宙速度和永动机等物理知识用趣味性的方式诠释得生动形象、简明易懂，让受众对科学问题的好奇心和求知欲得到满足，重燃受众对物理的兴趣，如图6-4-1所示。

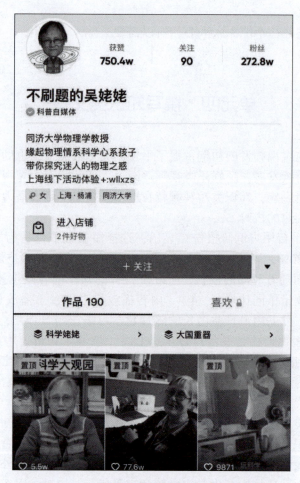

图6-4-1　不刷题的吴姥姥的抖音账号截图

2. 选题巧妙

趣味性元素能较好地削弱知识类视频本身的严肃性，达到寓教于乐的效果。短视频中的知识类内容虽具有较强的知识属性，但也需具备娱乐化的倾向，例如"EyeOpener"账号就属于满足人好奇心、求知欲，但又轻松、有趣的账号，其账号的点赞量、评论量与转发量上都相对较高，如图6-4-2所示。博主在选题上常将人们只知其然而不知其所以然的话题作为视频素材进行科普，使其在内容选题上别具一格、自成一派，如十万个为什么系列中《为什么以前的人拍照都不笑?》《为什么有时睡觉会抽一下》《为什么汽车方向盘不居中》。

视频内容来源的多样性也能更好地吸引用户。例如不刷题的吴姥姥账号视频来源包括热门话题的事件、网友提问等。如《硬核！用电磁灶炒电线回答问题》《海螺听海的浪

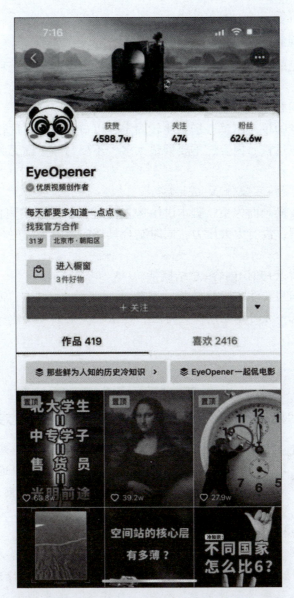

图 6-4-2　EyeOpener 的抖音账号截图

漫~拿拖鞋打我也表示听不懂!》均是取材于网友提问,而《突破宙速度?姥姥费了很大劲才成功突破 0.000 1~》《8 月 13 国际左撇子日!》均取材于社会热门话题和事件。社会热门话题和事件以及网友提问的关注度较高,与此结合,可以将受众的注意力吸引到自己的视频中来。

3. 试听结合

　　目前的知识类抖音短视频会选择在视觉空间上增加艺术处理,利用各种流行的、新颖的抑或是趣味性强的视觉元素来吸引观众。例如结合网络影视片段、广告、段子、表情包,不仅为视频内容增添趣味性,也能更好迎合当下网民的网络冲浪偏好与流行趋势。

　　借助音效的感染力,选对视频的背景音乐、丰富的音响效果也是迎合受众欣赏习惯,增加画面信息量的方法。好的音效在一定程度上能够加强视频内容的戏剧效果,营造和内容同频的氛围，引导观众观看。

（二）知识类短视频常用脚本

知识类短视频常见的类型可以分为口播类、教程类以及剧情类三种。

1. 口播类

写作框架：提出问题+解决方案+知识总结。

此类视频通常是老师单人出镜，场景比较固定，以口述的形式进行知识讲解，在文案撰写上，尽量写干货，表达核心内容，不要铺垫太多，不要写与主题无关的内容。

2. 教程类

写作框架：分享主题+实操分享+成果展示。

此类视频以具体实操画面为主，脚本讲解旁白为辅，因此文案写作上需要尽量口语化，用户学习起来容易理解，没有太大压力，同时结合具体的剪辑手法更容易传播。

3. 剧情类

写作框架：故事情景+知识内容+总结概括。

此类文案脚本的编写要注意起伏转折，开头遵循"黄金三秒"原则，引入主题，然后利用反转、夸大等方式，充分调动用户好奇心，在情节文案上多设计一些反转或者包袱，避免视频的单调乏味。

拓展学习 ▶▶▶

2023年"清朗"系列专项行动重拳整治9大网络生态突出问题

网络空间天朗气清、生态良好是广大网民的共同期待，也是管网治网的重要目标。近年来，国家网信办坚持以习近平新时代中国特色社会主义思想特别是习近平总书记关于网络强国的重要思想为指导，持续开展"清朗"系列专项行动，重拳整治网络生态"自媒体"乱象、网络水军操纵信息内容、规范重点流量环节网络传播秩序等9方面突出问题，压紧压实网站平台主体责任，积极回应人民群众关心关切。具体包括：

一是"清朗·从严整治'自媒体'乱象"专项行动。集中整治"自媒体"造谣传谣、假冒仿冒、违规营利等乱象，破解"自媒体"信息内容失真、运营行为失度等深层次问题。督促平台健全"自媒体"账号管理体系，优化"自媒体"账号注册、运营、关闭等全流程的管理细则；强化"自媒体"账号专业资质认证管理，对于从事医疗、司法、教育等专业领域信息内容生产的"自媒体"，从严审核认证材料并加注专门标识；严格规范"自媒体"营利行为，建立健全"自媒体"粉丝数量管理、营利行为监管等制度机制。

二是"清朗·打击网络水军操纵信息内容"专项行动。全面清理网络水军违法违规信息，打掉水军容易聚集的群组和版块，坚决阻断招募引流渠道；查处实施水军活动的工具，打击批量操纵网络水军的群控软件，用于接发任务、支付结算的平台等；关闭处置恶意蹭炒热点事件、刷转评赞数据的水军账号，将组织网络水军的公司、MCN机构列入黑名单，涉及违法犯罪的，移交有关部门查处；压实平台主体责任，不断提升对抗机器人水军的技术手段，查处批量养号、"僵尸"账号等问题，完善榜单、话题异常流量监测机制，强化同质化文案识别处置。

三是"清朗·规范重点流量环节网络传播秩序"专项行动。紧盯短视频平台、热搜热榜等重点流量环节，压实平台主体责任，全面清理违规采编、违规转载、炮制虚假新闻等典型扰乱网络传播秩序信息，全面排查处置仿冒"新闻主播"等违规账号，坚决守住网上新闻信息规范有序传播重要关卡。针对清理整治工作中暴露出的问题病灶，督促指导网站平台建立健全重点流量环节规范传播秩序长效工作机制，总结经验、固化成果，进一步畅通权威信息网络传播渠道，进一步提升正面宣传传播效能，确保大流量始终澎湃正能量。

四是"清朗·优化营商网络环境 保护企业合法权益"专项行动。强化存量信息处置，指导网站平台集中开展信息内容和账号排查，及时处置已被认定为谣言、涉企业家个人隐私和显性的侵权信息，加强搜索联想词管理，对于问题突出的账号进行处置处罚；强化维权工作机制，进一步畅通渠道、细化标准、优化程序，线上线下配合，平台协同联动，为企业和企业家举报维权做好服务保障，指导网站平台健全信息内容审核发布机制，高效处置涉企问题举报线索；强化督导曝光，及时公布破坏营商网络环境的违法违规案例，情节严重涉嫌违法犯罪的，移送有关机关依法处理，对工作落实不力的网站平台，指导属地网信部门加强督导检查。

五是"清朗·生活服务类平台信息内容整治"专项行动。全面整治推荐导向不良信息、为违法活动引流、宣介违法违规商品、搜索结果推送低俗负面联想词等突出问题；督促网站平台优化完善弹窗信息推送、搜索结果黑名单、广告位置等重点环节机制，强化常态治理；对问题多发易发、屡查屡犯的版块、栏目，视情况采取暂停更新、永久下线等处置措施，并予以通报曝光；加强部门间沟通联动，及时转交问题线索，在做好线上处置的同时，配合做好线下查处工作，从源头上遏制违法违规活动。

六是"清朗·整治短视频信息内容导向不良问题"专项行动。集中清理整治存在真假难辨、善恶不分、是非不明等信息内容导向问题的短视频，着力解决平台审核把关松、推荐算法不科学、流量分配机制不合理等问题。督促短视频平台进一步优化算法推荐机制，加大对优质内容的人工筛选力度；优化内容审核策略，坚决防止"劣币驱逐良币"现象；优化账号管理制度，建立健全账号内容质量和信用评价体系，推动形成短视频行业良性竞争机制，实现短视频行业健康发展。

七是"清朗·2023年暑期未成年人网络环境整治"专项行动。聚焦网上涉未成年人突出问题，拉紧违规内容整治高压线，严厉整治各类有害内容和违法犯罪，及时发现处置网络欺凌行为，防止泄露未成年人隐私的欺凌视频扩散传播；守住专属平台安全底线，对于学习类APP、儿童智能设备等，压实平台主体责任，强化应用上线、内容发布等前端管理，加强功能安全风险评估，禁止出现各类违法不良内容，不得诱导充值消费；筑牢青少年模式保护防线，全面升级青少年模式，在丰富分龄内容的同时，对时间和功能进行科学限定，让模式真正成为未成年人健康上网的"保护盾"。

八是"清朗·网络戾气整治"专项行动。严管评论区信息内容，督促网站平台加强评论区管理，要求账号强化所发信息内容跟帖管理，对未做好跟帖评论管理的公众账号，采取限制功能等措施；整治直播"PK"环节问题，严肃查处主播逞勇斗狠、互撕攻击、谩骂吐脏等行为，针对部分主播逃避监管、借"小号"进行恶俗行为，对其所有账号采取统一处置措施，情节恶劣的纳入黑名单；处置网络戾气集中的版块，深入排查贴吧、频道、圈子、超话和小组等环节，对违规版块进行整改，必要时采取暂停更新、解散关闭等措施，处置版块管理员账号，坚决遏制网络戾气。

九是"清朗·2023 年春节网络环境整治"专项行动。经过为期 1 个月的专项整治，重点平台累计拦截清理违法不良信息 119 万余条，处置违规账号、群组 16 万余个，查处借春节档电影挑起互撕对立、诱导明星粉丝刷票冲量等问题，有效防范粉丝群体互撕谩骂等问题反弹反复；处置恶意炒作炫耀服刑经历问题，有力遏制借炒作劣迹行为史打造"网红"的不良风气；严格管控编造虚假信息和虚假剧情问题，切实保障广大网民的合法权益；集中查处恶搞未成年人、诱导未成年人沉迷网络等问题，为青少年提供了文明安全的网络环境；严厉整治网络赌博引流、传播低俗信息等问题，营造出喜庆祥和的春节舆论氛围。

任务实训

自然堂 2001 年创建于上海，产品涵盖护肤品、彩妆品、面膜、个人护理品，在安全性和有效性方面具有卓越品质，能满足各个年龄段不同性别的美与健康追求者的需求。"你本来就很美"是自然堂传递的自然自信的品牌精神，通过丰富多样的产品，让每个人都能用自然的产品展现出自己与生俱来、独一无二的个性。近期自然堂上线自然堂冰肌水，要求通过短视频形式进行推广。

产品相关介绍：

【规格】：160 mL

【核心成分】：喜马拉雅 5 128 米冰川水–小分子团结构，更加快速渗透肌肤，富含丰富微量元素和矿物质

2% 烟酰胺–使肌肤细嫩、光滑、透亮、光泽、水润、柔软，干纹有显著性改善

喜马拉雅龙胆复合精萃–蕴含强大滋润抗氧能量

【专利技术】："冰肌凝萃技术"将喜马拉雅 5 128 米冰川水凝炼成"精粹露"，具有卓越的肌肤润养修护功能

【环保包装】：一次成型渐变领先技术，黑科技环保公益，0 油漆使用，减少二氧化碳排放，节约电能，保护环境

【功效】：澎湃补水、提亮、抗氧化、促进后续产品吸收

请完成下列任务：

进行短视频文案脚本创作，要求体现产品卖点，提升年轻消费者对产品的认知度及好感度，易于引发二次传播。

创新创业案例

撰写专利申请文件

学习目标

知识目标

1. 掌握各类专利申请所需要的文件
2. 掌握专利说明书、权利要求书的概念及构成要素

能力目标

1. 掌握撰写各类专利申请文件的要点
2. 在今后遇到好的点子时能具有独立申请专利的能力

素质目标

1. 打破学生创造障碍，培养学生创造意识
2. 坚定学生创造意志，开发学生创造能力
3. 训练学生创造思维，激发学生创造灵感

案例导入

知识产权从本质上说是一种无形财产权，他的客体是智力成果或是知识产品，是一种无形财产或者一种没有形体的精神财富，是创造性的智力劳动所创造的劳动成果。它与房屋、汽车等有形财产一样，都受到国家法律的保护，都具有价值和使用价值。有些重大专利、驰名商标或作品的价值也远远高于房屋、汽车等有形财产。

随着当今社会竞争越来越激烈，各项知识产权之争也更加激烈。其中一场备受瞩目的专利战就是苹果与三星之间的长期争议。

苹果公司因为三星第一代 Galaxy 手机与 iPhone 的相似程度极大，并且在向三星发出专利授权要约遭到三星拒绝后，将三星告上法庭。2012 年 8 月份，美加州地方法院已作出一审判决，称三星电子侵犯苹果若干专利，须向对方赔偿 10.5 亿美元。对此三星表示不服，提起上诉。2012 年 12 月 7 日，苹果与三星电子将在圣何塞联邦法庭再次开庭，以重新审理这场双方各具高风险的法律诉讼。2012 年 12 月 19 日，三星将撤销在欧洲各国对苹果提出的专利侵权诉讼。

2014 年 2 月，双方未达成和解方案，致使双方的专利侵权案于 3 月启动新庭审。2014 年 8 月份，微软再次对三星提起诉讼，请求美国联邦法庭认定，微软收购诺基亚手机业务的交易并不违反该公司与三星之间的合同协议。

2018 年 5 月，美国陪审团重新审理此案，并达成一致裁决，将赔付金额改为 5.386 亿

美元，其中 533 316 606 美元是因为侵犯苹果三项设计专利，而 530 万美元是因为侵犯苹果两项实用专利。

2018 年 6 月 26 日，美国加州北部地区法庭公布的法律文书显示，两家手机制造商已就专利诉讼达成和解。

苹果与三星之间的专利之战提醒我们知识产权的重要性，同时也需要更好地平衡专利保护和技术创新之间的关系，以促进行业的持续发展。

我们在日常生活中，通过观察身边事物，常常会构思出一些金点子，但是因为对专利申请不了解，所以将其束之高阁，错过专利申请的最佳时机，被他人抢占商机。(来源：苹果公司产品与三星产品之间存在的知识产权纠纷案件·百度百科)

【思考】

1. 在自己人生中有没有什么得意的创意？

2. 为什么没有把这个创意进行发明？是不是因为不知道如何申请专利？

单元思维导图

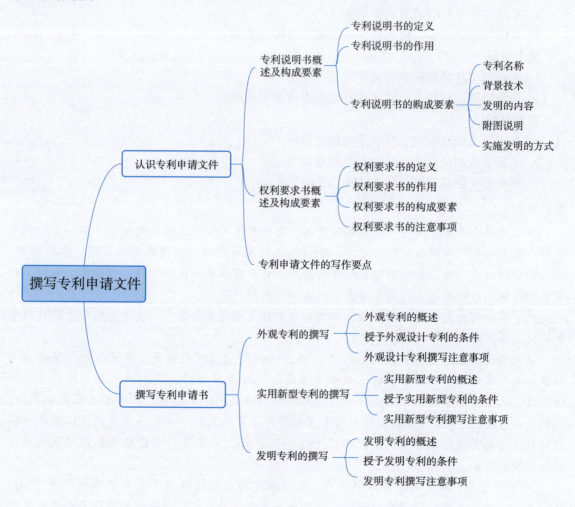

单元一　认识专利申请文件

在我国，专利主要分为三类，即发明专利、实用新型专利、外观设计专利。不同的产品应选择相应的专利类型，错误的选择可能会被拒绝，错过申请专利的最佳时机。在申请中，须准备好所有的文件和材料，如图 7-1-1 所示，国家专利局才能受理申请请求，获得国家专利局出具的受理通知书，如图 7-1-2 所示。

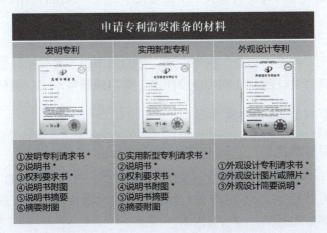

图 7-1-1　申请三类专利需要准备的材料

图 7-1-2　专利申请受理通知书

【发明专利请求书】

记载特定专利申请的程序性信息，包括"发明或者实用新型的名称，发明人的姓名，申请人姓名或者名称、地址，以及其他事项"。

【说明书及其摘要】

说明书是申请人向专利局提交的公开其发明或者实用新型的技术内容的法律文件；说明书摘要是对说明书记载内容进行简要概括的文件。

【权利要求书】

在说明书的基础上用构成发明或者实用新型技术方案的技术特征表明其要求专利保护的范围的法律文件。

【其他文件】

视申请案的情况不同还需提交：在先申请文件的副本、不丧失新颖性的宽限期证明、生物材料的保藏证明及存活证明、专利代理委托书、费用减缓请求书、提前公开声明等。

一、专利说明书概述及构成要素

（一）专利说明书的定义

专利说明书是详细阐述发明技术实质的文件，供专利机构审查、印刷、公布并征询意见。专利说明书应当对发明或者实用新颖性作出清楚完整的说明，以所属技术领域的技术人员能够实现为准，必要的时候，应当有附图。

（二）专利说明书的作用

（1）充分公开申请的发明，使所属领域的技术人员能够实施。

（2）公开足够的技术情报，支持权利要求书要求保护的范围。

（3）作为审查程序中修改的依据和侵权诉讼时解释权利要求的辅助手段。

（4）作为可检索的信息源，提供技术信息。

（三）专利说明书的构成要素

专利说明书是一份非常重要的文件，它是专利申请的核心部分，也是专利权的保障。说明书必须写明有助于理解发明或者实用新型不可缺少的内容。例如技术领域的描述、背景技术情况、说明书中有附图时的附图描述等；确定发明或者实用新型的新颖性、创造性和实用性所要求的内容。例如，发明或者实用新型所要解决的技术问题，解决该技术问题所采用的技术方案以及发明或者实用新型的有益效果；实现发明或者实用新型所需的内容。例如，为解决发明或者实用新型的技术问题所采用的技术方案的具体实施。对于已经克服了技术偏见的发明或者实用新型，说明书还应当说明发明或者实用新型为什么克服了技术偏见，新的技术方案与技术偏见的区别，以及为克服技术偏见所采取的技术手段。需要指出的是，凡是本领域技术人员不能从现有技术中直接、唯一获得的相关内容，都应当在说明书中进行描述。

以下我们将以实用新型专利——"一种戴耳塞的眼罩"的说明书为例，来剖析专利说明书的构成要素。

说 明 书

一种带耳塞的眼罩

技术领域

本实用新型涉及眼罩技术领域，具体是指一种带耳塞的眼罩。

背景技术

目前，一些上晚班或者加班的工作者，需要在白天进行补觉睡觉，但是大部分人都是在白天活动，在人口密集的城市，装修、汽车喇叭等外界声音都会给白天需要休息的人带来睡眠上的困扰，长期睡眠不好，会对这些人造成很大的精神压力，因而白天睡觉最好能营造一种黑天的感觉，目前的耳塞眼罩使用起来不舒适，同时耳塞较小，容易弄丢，亟待改进。

实用新型内容

本实用新型要解决的技术问题是，克服现有技术缺点，提供一种带耳塞的眼罩，结构合理，一体化设计，佩戴舒适。

为解决上述技术问题，本实用新型提供的技术方案为：一种带耳塞的眼罩，包括眼罩主体，所述眼罩主体两侧设有承转部，所述承转部另一端连接两个弹性松紧带，所述弹性松紧带之间设有置耳空隙，所述弹性松紧带另一端设有绑固带，所述绑固带之间紧固连接，所述承转部上外侧设有放置兜，所述放置兜内设有耳塞件，所述耳塞件通过细绳连接承转部，所述眼罩主体上眼部位置处设有凸起空腔。

进一步的，所述绑固带之间通过魔术贴或按扣绳系连接，连接方式可选多样。

进一步的，所述耳塞件内置有无线耳机，所述无线耳机内存储有白噪声音乐，可以最大程度减轻周围环境的噪声。

进一步的，所述眼罩主体靠近鼻梁位置处内置有定型钢丝，根据不同的鼻子大小，进行手捏定型，从而减少鼻子部位的进光。

本实用新型与现有技术相比的优点在于：本实用新型设置的凸起空腔可以给人眼尽可能大的空间，夏天也不会紧贴捂汗；设置的弹性松紧带、置耳空隙和绑固带，方便使用者选择直接佩戴在耳朵上，还是固定在头后位置处，适用性舒适性高；设置的耳塞件和放置兜，将耳塞置于放置兜，一体设计，不易丢失，同时放置兜位置，即使不使用耳塞也不会产生人侧卧时压着的不舒适感觉，适宜广泛推广使用。

附图说明

图1是本实用新型的结构示意图。

如图所示：1. 眼罩主体，2. 承转部，3. 弹性松紧带，4. 置耳空隙，5. 绑固带，6. 放置兜，7. 耳塞件，8. 凸起空腔，9. 定型钢丝。

说 明 书

具体实施方式

在本实用新型的描述中，需要理解的是，术语"中心""横向""上""下""左""右""竖直""水平""顶""底""内""外"等指示的方位或位置关系为基于附图所示的方位或位置关系，仅是为了便于描述本实用新型和简化描述，而不是指示或暗示所指的装置或元件必须具有特定的方位、以特定的方位构造和操作，因此不能理解为对本实用新型的限制。此外，术语"第一""第二"仅用于描述目的，而不能理解为指示或暗示相对重要性或者隐含指明所指示的技术特征的数量。由此，限定有"第一""第二"的特征可以明示或者隐含地包括一个或者更多个该特征。在本实用新型的描述中，除非另有说明，"多个"的含义是两个或两个以上。另外，术语"包括"及其任何变形，意图在于覆盖不排他的包含。

下面结合附图对本实用新型做进一步的详细说明。

本实用新型在具体实施时，一种带耳塞的眼罩，包括眼罩主体1，其特征在于：所述眼罩主体1两侧设有承转部2，所述承转部2另一端连接两个弹性松紧带3，所述弹性松紧带3之间设有置耳空隙4，所述弹性松紧带3另一端设有绑固带5，所述绑固带5之间紧固连接，所述承转部2上外侧设有放置兜6，所述放置兜6内设有耳塞件7，所述耳塞件7通过细绳连接承转部2，所述眼罩主体1上眼部位置处设有凸起空腔8。

所述绑固带5之间通过魔术贴或按扣绳系连接，所述耳塞件7内置有无线耳机，所述无线耳机内存储有白噪声音乐，所述眼罩主体1靠近鼻梁位置处内置有定型钢丝9。

以上对本实用新型及其实施方式进行了描述，这种描述没有限制性，附图中所示的也只是本实用新型的实施方式之一，实际的结构并不局限于此。总而言之，如果本领域的普通技术人员受其启示，在不脱离本实用新型创造宗旨的情况下，不经创造性的设计出与该技术方案相似的结构方式及实施例，均应属于本实用新型的保护范围。

1. 专利名称

专利名称应当简短、准确地表明专利申请要求保护的主题和类型。专利名称中不得含有非技术词语，例如人名、单位名称、商标、代号、型号等；也不得含有含糊的词语，例如"及其他""及其类似物"等；也不得仅使用笼统的词语，致使未给出任何发明信息，例如仅用"方法""装置""组合物""化合物"等词作为发明名称。

专利名称一般不得超过 25 个字，特殊情况下，例如，化学领域的某些发明，可以允许最多到 40 个字。

2. 背景技术

科研人员发表的论文通常都含有"引言"，背景技术相当于"引言"。两者的主要区别在于，论文中的"引言"一般更注重广度，而背景技术更注重深度，导致现有技术存在缺陷。论文中的"引言"一般是指许多其他相关论文，而背景技术则需要描述与本发明的技术方案最接近的专利或论文，当然最接近也只限于发明人自己的理解。

在背景技术中，发明人还可以描述解决同一问题的不同技术方案，例如专利或论文中提出的技术方案，并指出每个技术方案的缺陷，还可以概括说明现有技术中存在的缺陷。

在背景技术的描述上，中美也有很大的差异。在中国的专利说明书中，背景技术一般描述现有技术中存在的问题，而在美国的专利说明书中，一般引用现有专利文献来说明现有技术中存在的缺陷。

3. 发明的内容

我国目前的专利制度要求发明内容包括技术问题、技术方案和有益效果，并没有严格按照顺序要求。虽然要求在发明内容中陈述技术问题，但如背景技术中所述，由于技术问题一般在背景技术中已经陈述清楚，因此在发明内容中无须重复描述，一般简称为"为了解决上述技术问题"。

技术方案至少需要包括独立权利要求所保护的技术方案，但在专利实践中，一般将从属权利要求的特征写入发明内容，这样做的好处是避免了日后在实际审理阶段对说明书的修改。

有益效果是发明所能带来的好处，研究者一般可以理解为，例如加快处理速度、节约成本、提高效率等，这些都是有益的效果。

4. 附图说明

附图说明即附图名称，申请人需要在专利说明书中区分哪些是现有技术，哪些是发明提出的技术方案。

5. 实施发明的方式

对于研究人员来说，重要的任务是找到更好的解决方案。在专利制度中，有一条规定与权利要求保护的范围非常相关，即需要足够多的实施例（即实施方案）来支撑权利要求保护的范围。具体实施部分需要编写的实例，既可以包含最优实施方案，也可以包含次优实施方案，还可以是根据最优或次优实施方案进行简单修改后得到的实施方案。

二、权利要求书概述及构成要素

（一）权利要求书的定义

权利要求书又称专利申请权利请求书，是以专利申请说明书为依据，说明发明或实用新型的技术特征，清楚并简要地写出要求专利保护范围，并在一定条件下提出一项或几项独立的专利权项。专利申请权利请求书应当有独立权利要求，也可有从属权利要求。一份专利申请权利请求书中应当至少包括一项独立权利要求，还可以包括从属权利要求。

（二）权利要求书的作用

权利要求书是专利申请中的重要技术文件，也是专利申请文件的核心部分，它作为一种知识产权文书，具有较强的法律规定性，在时间限制或格式上都有严格限制。专利申请权利请求书其主要作用是确定了申请人请求专利保护范围，也是判定他人是否侵权的依据。同时，从技术上说，专利申请权利请求书概述了发明或实用新型的技术方案实质内容，所以，写作专利申请权利请求书要十分慎重，必须符合法律规范和技术上的要求。专利申请权利请求书一旦经审查批准后便具有法律效力。

（三）权利要求书的构成要素

权利要求书顶端不用书写发明或实用新型名称，可以直接书写第 1 项独立权利要求，它的从属权利要求从上往下顺序排列。有两项以上独立权利要求的，则各自的从属权利要求应分别写在各独立权利要求之后。我们继续以"一种带耳塞的眼罩"为例，来剖析权利要求书的构成要素。

权 利 要 求 书

1. 一种带耳塞的眼罩，包括眼罩主体（1），其特征在于：所述眼罩主体（1）两侧设有承转部（2），所述承转部（2）另一端连接两个弹性松紧带（3），所述弹性松紧带（3）之间设有置耳空隙（4），所述弹性松紧带（3）另一端设有绑固带（5），所述绑固带（5）之间紧固连接，所述承转部（2）上外侧设有放置兜（6），所述放置兜（6）内设有耳塞件（7），所述耳塞件（7）通过细绳连接承转部（2），所述眼罩主体（1）上眼部位置处设有凸起空腔（8）。

2. 根据权利要求 1 所述的一种带耳塞的眼罩，其特征在于：所述绑固带（5）之间通过魔术贴或按扣绳系连接。

3. 根据权利要求 1 所述的一种带耳塞的眼罩，其特征在于：所述耳塞件（7）内置有无线耳机，所述无线耳机内存储有白噪声音乐。

4. 根据权利要求 1 所述的一种带耳塞的眼罩，其特征在于：所述眼罩主体（1）靠近鼻梁位置处内置有定型钢丝（9）。

---

1. 独立权利要求分两部分撰写

（1）前序部分：写明发明或实用新型要求保护的主题名称和该项发明或实用新型与现有技术共有的必要技术特征。

（2）特征部分：写明发明或实用新型区别于现有技术的技术特征，这是权利要求的核心内容，这部分应紧接前序部分，用"其特征是……"或者类似用语与上文连接。

前序部分和特征部分共同限定发明或实用新型的保护范围。

2. 从属权利要求分两个部分撰写

（1）引用部分：写明被引用的权利要求的编号及发明或实用新型主题名称。例如："根据权利要求 1 所述……"。

（2）限定部分：写明发明或实用新型附加的技术特征，它是独立权利要求的补充，以及对引用部分的技术特征作进一步的限定。也应当以"其特征是……"连接上文。

从属权利要求的引用部分，只能引用排列在前的权利要求。同时引用两项以上权利要求时，只允许使用"或"连接。例如："根据权利要求 1 或 2 所述的……"。这样的权利要求称为多项权利要求。一项多项从属权利要求不能作为另一项多重从属权利要求的引用对象。

同一构思的两项发明或实用新型可以合案申请，因而可能存在两项独立权利要求。这时应当确定一项为主要的，作为第一项权利要求，另一项排在后面成为与第一项独立权利要求平行的、有独立的法律意义的权利要求。例如：一项产品发明和制造该产品的方法发明可以合案申请，这时一般把产品作为第一独立权利要求，把方法作为第二独立权利要求。

（四）权利要求书的注意事项

权利要求书的构成比说明书的构成相对简单，但是应注意下列事项：

（1）应当简要、清楚、完整地列出说明书中所描述的所有新的技术特点。否则，就会缩小专利保护范围。说明书中没有涉及的内容，也就不能写入权利要求，因为要求保护的范围必须得到说明书的支持。

（2）权利要求书中使用的技术名词、术语应与说明书中一致。权利要求书中可以有化学式、数学式，但不能有插图。除有绝对必要，不得引用说明书和附图，即不得用"说明书中所述的……""或如图三所示的……"方式撰写权利要求书。为了表达清楚，权利要求书可以引用设备部件名称和附图标记。

（3）一项权利要求要用一句话来表达，中间可以有逗号、顿号，不能有分号和句号。以强调其意思不可分割的单一性和独立性。

（4）权利要求只讲发明或实用新型的技术特征，不允许陈述发明或实用新型的目的、功能等。

（5）权利要求又分为独立权利要求和从属权利要求两种。独立权利要求应从整体上反映出发明或实用新型的主要技术内容，包括全部的必要技术特征，它本身可以独立存在。从属权利要求是引用独立权利要求或引用包括独立权利要求在内的几项权利要求的全部技术特征，又含有若干新的技术特征的权利要求，从属权利要求必须依从于独立权利要求或者在前的从属权利要求。

（6）一项发明或者实用新型只应当有一项独立权利要求。属于一个总的发明构思，符合合案申请要求的发明或实用新型专利申请，可以有两项以上的独立权利要求。

每一个独立权利要求可以有若干个从属权利要求。有多项权利要求的应当用阿拉伯数字顺序编号。编号时独立权利要求应排在前面，它的从属权利要求紧随排在后面。

三、专利申请文件的写作要点

（1）将最核心的技术特征写入独立权利要求，实现最大限度的保护整个的技术方案。如果独立权利要求中没有记载本专利所必要的技术特征，可能的结果是该权利要求被宣告无效，或者未揭示的必要技术特征被他人申请专利，并且利用没有包含必要技术特征的专利权提起侵权诉讼，无法获得法律保护。

因此，在专利撰写中，在对必要技术特征有充分了解的基础上，将必要技术特征撰写到独立权利要求中。但并不意味着要将申请专利产品的全部零件都记录到独立权利要求中，而是要记载以下几项：

① 用于完成本发明解决技术问题必不可少的技术特征。

② 记载到权利要求里的技术特征是经过对实际情况进行综合产生的比较上位、比较概括和核心的技术特征。

③ 必要技术特征的描述与现今已有技术是可区别的，并需要得到说明书的支持。

（2）将非必要技术特征写入从属权利要求中，因为从属权项具有可选择性，可实现最大限度的保护在独立权利要求记载全部必要技术特征的同时，将非必要技术特征写入从属权利要求中。

例 abc 为核心，d 为必要内容，若独立权项写为 abcd，则别人可以稍作修改，重新申请新的专利，例如申请专利 abce 不构成侵权。

（3）避免一项专利只有一项独立权利要求而没有从属权利要求，保护的范围过小。

一项好的专利申请，应该在权利要求里记载较少、较核心、较抽象的技术特征，以争取较宽的保护；同时，在从属权利要求中尽可能多地记载细化的技术特征或解决问题的技术方案。

（4）避免独立权利要求对技术方案的表述过于具体或过于抽象不能得到说明书的支持，范围过大，无法授权。

（5）避免专利内容在逻辑上的不一致。

权利要求书及说明书里，避免逻辑上的不一致，注意以下几个方面：

① 技术术语的表述要一致。

② 权利要求之间互相引用关系要清晰。

③ 保证说明书的附图标号与实际图号一致。

（6）避免权利要求记载的技术方案与现有技术划分错误。与现有技术进行划界可以表明所申请专利的新颖性，但是如果没有把握准确划分，不如不作划分，全部作为与现有技术的区别特征。

① 对实用新型专利申请，没有划分的权利要求书被授权后，不会因为没有划界或划界不正确而影响专利的有效性。

② 对发明专利申请，在实质审查过程中有机会参考审查员引述的最接近对比文件，在答复审查意见的同时，可通过讨论明确对权利要求的划界。（发明专利的申请过程中有两次修改的机会，可以与专利局的审查员进行讨论，讨论后与代理人协商专利的修改方法）

（7）避免背景技术太简单、太空泛。

说明书的背景技术撰写过于简单，多半是由于对现有技术的不了解，在不了解现有技术的情况下，就难以准确把握主要创新性与新颖性，专利审查员会认为专利不具有创新性而不予授权。背景技术一般包括对现有技术（现有专利、文章、专著）进行分析、总结、感悟及本发明专利的应用场景，进一步说明所申请专利的必要性、迫切性。

（8）避免技术理解错误使撰写时表达无法被理解，甚至不可实现。

（9）避免公开不充分专利说明书。公开不充分可能导致专利被驳回或被宣告无效，权利要求书在与审查员沟通后进行的修改都必须来源于说明书中，如果专利说明书公开不充分会导致权利要求书没有任何的修改余地。

单元二　撰写专利申请书

我国专利法明确规定，可以获得专利保护的发明有三类：发明、实用新型和外观设计。其中，发明专利是最重要的一项。三类专利的区别举例如图7-2-1所示。

【外观设专利】

指以产品的形状、图案或者其组合以及色彩、形状、图案的组合为基础，提出的具有美感并适于工业应用的新设计。

【实用新型专利】

指对产品的形状、结构或者其组合所提出的适于实用的新的技术方案。

【发明专利】

指对产品、方法或者其改进所提出的新的技术方案。

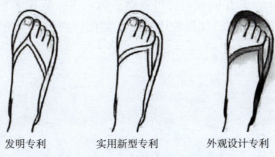

发明专利　　　　实用新型专利　　　　外观设计专利

图 7-2-1　三类专利的区别举例

一、外观专利的撰写

（一）外观专利的概述

外观设计是指工业品的外观设计，也就是工业品的式样。它与发明或实用新型完全不同，即外观设计不是技术方案。

我国《专利法实施细则》第二条中规定："外观设计，是指对产品的形状、图案或者其结合以及色彩与形状、图案的结合所做出的富有美感并适于工业应用的新设计"。

（二）授予外观设计专利的条件

外观设计专利应当符合以下要求：

（1）是指形状、图案、色彩或者其结合的设计。

（2）必须是对产品的外表所做的设计。

（3）必须富有美感。

（4）必须是适于工业上的应用。

艺术作品≠外观设计，因此名人字画是不可以申请外观设计专利的。外观设计顾名思义，必须是对产品的外表所作的设计，如图7-2-2所示的苹果手表外观设计；必须适于工业上的应用。如：冰箱、洗衣机、微波炉的各种外观设计，手机的外观设计，各种摩托车的外观设计，糕点盒、糖盒、路灯、MP3、MP4的外观设计等很多。

图 7-2-2　苹果手表外观设计

（三）外观设计专利撰写注意事项

1. 申请外观设计需要提供六视图或照片

（1）图片或照片的要求：所谓六视图即主视图、后视图、左视图、右视图、仰视图、俯视图，如图 7-2-3 所示，若相同或对称可省略，例如主、后视图相同只提交主视图即可。最好再另加一份立体图片或照片。如果使用状态有变化，须提供一份使用状态图片或照片。

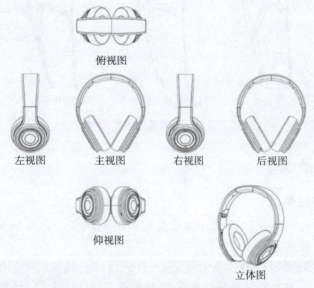

图 7-2-3　某耳机外观设计六视图

（2）图片或照片的标准：电脑绘图要求轮廓清晰，照片应按正投影规则制作，应避免强光、阴影、衬托物，图片或照片的大小要大于 3 cm×8 cm，小于 15 cm×22 cm。各视图的比例应一致。

2. 请求保护色彩的外观设计

应当提供彩色图片或照片一式两份。

3. 外观设计简要说明

应当写明外观设计要求保护的要点，请求保护色彩、省略视图等情况。但不能用来说明产品的性能或有商业宣传性语言。

（四）外观专利示例——北京 2022 年冬奥会吉祥物

(19) 中华人民共和国国家知识产权局

(12) 外观设计专利

(10) 授权公告号 CN 305708344 S
(45) 授权公告日 2020.04.14

(21) 申请号 201930505820.X

(22) 申请日 2019.09.16

(73) 专利权人　北京2022年冬奥会和冬残奥会组
　　　　　　　织委员会
　　地址　102022　北京市石景山区石景山路68
　　　　　号

(72) 设计人　曹雪　刘平云　廖向荣　钱磊
　　　　　　万千个　叶梓琪　陈菲仪　谭晓阳
　　　　　　陈子瑜　何格　邢晓虹　牛童
　　　　　　张璐　鲁怡冰

(51) LOC(12)Cl.
　　20-99

图片或照片 14 幅　简要说明 1 页

(54) 使用外观设计的产品名称
北京2022年冬奥会吉祥物

设计1主视图

CN 305708344 S   外观设计图片或照片   1/2 页

设计1主视图

设计1俯视图

设计1后视图

设计1仰视图

设计1左视图

设计1立体图

设计1右视图

设计2主视图

2

设计2后视图

设计2仰视图

设计2左视图

设计2立体图

设计2右视图

设计2俯视图

3

CN 305708344 S　　　　　　　　简　要　说　明　　　　　　　　1/1 页

1.本外观设计产品的名称：北京2022年冬奥会吉祥物。

2.本外观设计产品的用途：用于北京2022年冬奥会的吉祥物。

3.本外观设计产品的设计要点：卡通人物的形状。

4.最能表明本外观设计设计要点的图片或照片：设计1主视图。

5.指定基本设计：设计1。

二、实用新型专利的撰写

（一）实用新型专利的概述

对产品的形状、构造或者其结合所提出的适用于实用的新的技术方案，创造性和技术水平要求低于发明专利，但实用价值大，一般是对产品改进其技术结构，增加功能性的技术方案，为实用新型专利。

比如，可乐易拉罐拉环改进为内扣式，降低拉环的乱扔现象，方便环保；可折叠的自行车，方便携带，占用空间小。

授予实用新型专利的创造性要求低于发明专利，理论上实用性可行即可。

审核程序快于发明专利，实用新型和发明专利可同日申请，实用新型下证后优先保护技术发明。

实用新型专利分为五部分：说明书摘要、摘要附图、权利要求书、说明书（含技术领域、背景技术、实用新型内容、附图说明、具体实施方式）、说明书附图。

（二）授予实用新型专利的条件

（1）新颖性：是指在申请日以前没有同样的发明或者实用新型在国内外出版物上公开发表过、在国内公开使用过或者以其他方式为公众所知，也没有同样的发明或者实用新型由他人向国务院专利行政部门提出过申请并且记载在申请日以后公布的专利申请文件中。

（2）创造性：是指同申请日以前已有的技术相比，该实用新型有实质性特点和进步。

（3）实用性：是指该实用新型能够制造或者使用，并且能够产生积极效果。

（三）实用新型专利撰写注意事项

（1）专利名称应该简短、准确地表明专利申请请求保护的主题名称，不应含有非技术词语、含糊笼统的词语，一般不超过 25 个字。

（2）要求保护的技术方案所属的技术领域，应当是所属或者直接应用的具体技术领域。

（3）背景技术部分尤其要引证包含实用新型专利申请最接近的现有技术文件。此外，还要客观地指出背景技术中存在的问题和缺点，说明存在这种问题和缺点的原因以及解决这些问题时曾经遇到的困难。

（4）技术方案是针对现有技术中存在的缺陷和不足，客观而有根据地反映实用新型要解决的技术问题，并进一步说明其效果，清楚、完整地描述发明或者实用新型解决其技术问题所采取的技术方案的技术特征，同时说明有益的效果。

（5）申请文件有附图的，应当写明各幅附图的图名，并且对图示的内容作简要说明。在零部件较多的情况下，允许用列表的方式对附图中具体零部件名称列表说明。

目前，我国对实用新型专利采取的是初步审查制度，在进行审查时，主要是审查是否具备《中华人民共和国专利法》第二十六条规定的文件和其他必要的文件，审查这些文件是否符合规定的格式要求。对于不能取得专利权的申请，专利局应该将审查意见通知到申请人，同时让其在指定期限内陈述意见或者补正；若到期申请人没有作出答复，实用新型专利的申请将被视为撤回。

（四）实用新型专利示例——试电笔

说　明　书

试电笔

（注：实用新型名称应与实用新型专利请求书中所填写的一致，简明表明实用新型产品及其功能和/或用途；不应使用非技术性词语、商标、代号、人名、地名，字数不超过25个字，打印在说明书正文前居中位置）

一、技术领域

本实用新型涉及一种指示电压存在的试电装置，尤其是能识别安全和危险电压的试电笔。

（注：这一部分直接指出实用新型所属于的或应用的技术领域，打印时应与名称空一行。）

二、背景技术

目前，公知的试电笔构造是由测试触头、限流电阻、氖管、金属弹簧和手触电极串联而成。将测试触头与被测物接触，人手接触手触电极，当被测物相对大地具有较高电压时，氖管启辉，表示被测物带电。但是，很多电器的金属外壳不带有对人体有危险的触电电压，仅由于分布电容和/或正常的电阻感应产生电势，使氖管启辉。一般试电笔不能区分有危险的触电电压和无危险的感应电势，给检测漏电造成困难，容易造成错误判断。

（注：这一部分是对最相近的已有技术的说明，它是作出实用技术新型方案的基础。在此还应说明已有技术的不足，帮助理解下面引出的实用新型方案，应当引证有参考价值的已有文献、资料。对已有技术的评价应实事求是。）

三、发明内容

要解决的技术问题：

本实用新型的目的是提供一种试电笔，它不仅能测出被测物是否带电，而且能方便地区分是危险的触电电压还是无危险的感应电势。

（注：这一部分是实用新型的目的，是说明书中不可少的，它应当针对已有技术存在的技术上的不足，正面明确地说明要完成的技术课题。）

技术方案：

本实用新型的目的是这样实现的：在绝缘外壳中，测试触头、限流电阻、氖管和手触电极电连接，设置一分流电阻支路，使测试触头与一个分流电阻一端电连接，分流电阻另一端与一个人体可接触的识别电极电连接。当人手同时接触识别电极和手触电极时，使分流电阻并联在测试触头、限流电阻、氖管、手触电极电路中，测试时，人手只和手触电极接触，氖管启辉，表示被测物带电。当人手同时接触手触电极和识别电极时，若被测物带有无危险高电势时，由于电势源内阻很大，从而大大降低了被测物的带电电位，则氖管不启辉，若被测物带有危险触电电压，因其内阻小，接入分流电阻几乎不降低被测物带电电位，则氖管保持启辉，达到能够区别安危电压的目的。

（注：这一部分应当写明一个完整的实用新型方案，描述实用新型的形状、构造特征。

本例"试电笔"的构造特征包括机械构造及电路的连接关系。在此方案中的技术特征对于完成实用新型目的都是不可少的，这些必要特征将写入权利要求书中的独立权利要求，在这一部分中应当说明实用新型方案是如何达到实用新型目的的，必要时应说明设计方案所依据的科学原理。）

有益效果：

由于采用上述方案，可以在测试是否带电的同时方便地区分安危电压，分流支路中仅采用电阻元件，结构简单。

（注：这一部分说明技术方案和已有技术相比具有的优点及积极效果，它是由技术方案所具有特征直接推导得出的。）

附图说明：

下面结合附图和实施例对本实用新型进一步说明。

图1是本实用新型的电路原理图。

图2是试电笔第一个实施例的纵剖面构造图。

图3是图2的I--I剖视图。

图4是试电笔第二个实施例的纵剖面构造图。

图中1. 测试触头，2. 绝缘外壳，3. 弹簧，4. 同心电阻，5. 限流电阻，6. 分流电阻，7. 识别电极，8. 氖管，9. 弹簧，10. 后盖，11. 手触电极，12. 绝缘隔离层，13. 弹簧。

（注：附图说明中，说明各图号所示图的名称，必要时可将图中标号所示零件、部件、部位、名称列出，同一零部件出现在不同图中应使用同一标号。）

具体实施方式：

在图1中，测试触头（1）、限流电阻（5）、氖管（8）与手触电极（11）串联，测试触头（1）与分流电阻（6）一端相连，分流电阻（6）另一端与识别电极（7）相连。通常限流电阻阻值为几兆欧，为保证人身安全，分流电阻阻值不小于限流电阻阻值，最好取限流电阻阻值1~2倍。

在图2所示实施例中，测试触头（1）在绝缘外壳（2）一端伸入其中空腔，与弹簧（3）接触，弹簧（3）另一端与同心电阻（4）相接触，同心电阻（4）是纵剖面为E形，其中间圆柱部分限流电阻（5）高于作为分流电阻（6）的圆管部分，使氖管（8）的一端与限流电阻（5）接触时不碰到分流电阻（6），弹簧（9）一端与氖管（8）相接触，另一端与后盖（10）上的手触电极（11）相接触，弹簧压力保证各元件间可靠电连接。如图3所示的环状弹性金属片状识别电极（7）其边缘向中心伸出的接触爪卡住圆管状分流电阻（6）外表面，其外边缘伸出并附于绝缘外壳外表面。

在图4所示的另一个实施例中，测试探头（1）在绝缘外壳（2）一端伸入其中空腔，同时与平行设置的限流电阻（5）和分流电阻（6）的一端（1）相接触，限流电阻另一端通过氖管（8）、弹簧（9）与手触电极（11）电接触，分流电阻通过弹簧（3）与识别电极电接触，两电极之间设置一绝缘隔离层（12）。

（注：这一部分是实用新型的实施例说明。实施例是实用新型技术方案的具体化设计，它应当包含独立权利要求的全部必要特征，并可以具体说明准备写入从属权利要求的附加特

征。这一部分应当结合附图进行说明，并将附图中标号标注在相应名称之后，使人能够参照附图理解实用新型的形状结构，必要时说明功能、动态构造和使用方法，如果有多个实施例，每个实施例都必须与整体技术方案的实用新型目的和效果相一致。）

（注：说明书的撰写应当符合专利法第二十六条第三款和实施细则第十八条规定，清楚完整地说明实用新型，使本专业技术人员能够不花费创造性劳动即可实施实用新型，实现实用新型的目的，取得相应效果。说明书是申请人提出权利要求的依据，说明书应当使用专利局规定表格，打字清楚，黑色字迹，符合照相制版要求，文字部分不超出 22 cm×14.5 cm。）

说明书附图

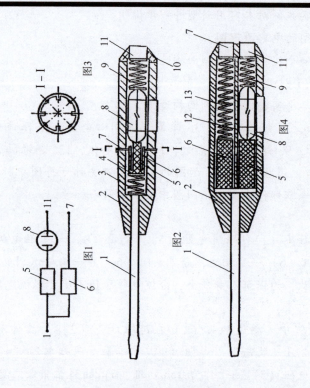

说 明 书 摘 要

一种能够识别安全或危险电压的试电笔，它是在已有的绝缘外壳中，测试触头、限流电阻、氖管和手触电极顺序连接的试电笔中增加一分流电阻支路，使分流电阻一端与测试触头电连接，另一端与识别电极电连接。人体仅与手触电极接触测试被测物是否带电，人体同时与手触电极、识别电极接触测试被测物是否带有危险电压。

（注：摘要根据专利法实施细则第二十四条，写明实用新型所属技术领域，解决的技术问题，主要的形状结构（机械构造和/或电连接关系）、特征和用途，全文不超过300字，并提交一幅摘要附图。）

摘　要　附　图

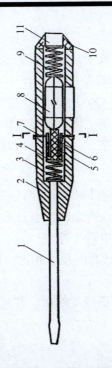

权　利　要　求　书

1. 一种试电笔，在绝缘外壳中，测试触头、限流电阻、氖管和手触电极顺序连接，其特征是测试触头与一个分流电阻一端电连接，分流电阻另一端与一个人体可接触的识别电极电连接。

（注：一项实用新型只有一个独立权利要求，独立权利要求应写明实用新型的全部必要技术特征，其中已知技术特征写入前序部分，区别技术特征写在"其特征是"之后，构成特征部分。）

2. 根据权利要求1所述的试电笔，其特征是：分流电阻与限流电阻是一个一体的同心电阻，同心电阻中间圆柱部分为限流电阻，其外部圆管部分为分流电阻，圆柱部分高于圆管部分，识别电极为环状弹性金属片，其边缘的中心伸出的接触爪卡住圆管状分流电阻外表面，其外边缘伸出并附于绝缘外壳外表面。

3. 根据权利要求1所述的试电笔，其特征是分流电阻与限流电阻平行设置，其间为绝缘隔离层。

（注：从属权利要求，即权利要求2、3，进一步限定在前的权利要求的技术特征，其引用部分应写明所引用的权利要编号，在"其特征"之后的特征部分应写明对所引用的权利要求的特征进行限定的附加特征。）

（注：权利要求书应当符合专利法第二十六条第四款和实施细则第二十条至二十三条规定，以说明书内容为依据，正面、直观地写明要求专利保护的实用新型的形状、构造特征；不得写入方法、用途及不属实用新型专利保护的内容；应使用确定的通用技术用语，不得使用技术概念模糊的用语，如"等""大约""左右"……，不应采用"参见说明书（附图）"写法，每项权利要求只用一个句号。）

三、发明专利的撰写

（一）发明专利的概述

对产品、方法上的创造或改进而提出的新技术方案而享有的专有权，为发明专利。申请发明专利的，申请文件应当包括：发明专利请求书、摘要、摘要附图（适用时）、说明书、权利要求书、说明书附图（适用时），各一式两份。

发明分为装置类发明和方法类发明。方法类发明涉及配方、工艺流程、系统算法。

如一种切割机，一种钢材冶炼方法，一种钢材切割机以及切割方法，一种分析系统。

（二）授予发明专利的条件

（1）新颖性，即在申请日之前没有同样的发明创造在国内外出版物公开发表过，在国内没有公开使用或者以其他方式为公众所知晓，也没有同样的发明由他人向专利局提出过申请并且记载在申请日以后公布的专利申请文件中。

（2）创造性，即同日申请日以前已有的技术相比，该发明有突出的实质性特点和显著的进步。

（3）实用性，即该发明人能够制造或者使用，并且能够产生积极的效果。

（三）发明专利撰写注意事项

1. 选择合适的主题

选择一个合适的主题是发明专利撰写的第一步。创新者应该选择一个有足够市场需求的主题，并且该主题应该没有被人们发明过。此外，主题的范围应该尽量广泛，以便专利的价值最大化。

2. 进行专利搜索

在选择主题之后，创新者应该进行专利搜索。这有助于创新者了解市场上是否已经有类似的发明，以及该发明是否足够独特和有价值。此外，专利搜索还可以帮助创新者确定专利申请的范围和细节。

3. 撰写专利说明书

专利说明书是发明专利的核心部分，说明书应清晰、详细、准确，创新者应遵循以下几点：

（1）对发明进行详细描述：在专利说明书中，创新者应对发明进行详细的描述，包括发明的背景、技术领域、发明的优点、发明的实施方式和应用等。

（2）使用清晰的语言：创新者应使用简单、明了的语言来描述发明，避免使用过于专业化的术语。

（3）给出具体的实例：在说明书中，创新者应给出具体的实例，以便读者更好地理解发明。

（4）画出详细的图示：在说明书中，创新者应画出详细的图示，以便读者更好地理解发明。

4. 编写权利要求书

权利要求书是发明专利的另一个重要部分，它规定了发明专利的保护范围。创新者应遵循以下几点：

（1）对发明进行简明扼要的描述：权利要求书应对发明进行简明扼要的描述，以便读者更好地理解发明的保护范围。

（2）使用清晰的语言：创新者应使用清晰、简单的语言来描述发明的保护范围，并避免使用过于专业化的术语。

（3）给出具体的实例：在权利要求书中，创新者应给出具体的实例，以便读者更好地理解发明的保护范围。

（四）发明专利示例——电镀阶梯形金刚石锯片及其制造工艺

说明书摘要

本发明涉及一种电镀阶梯形金刚石锯片及其制造工艺。电镀阶梯形金刚石锯片（图一）是用来切割机场跑道、高速公路等高级砼路面阶梯形伸缩缝的工具，它包括阶梯形锯片基本（1），其特征在于基体外缘与阶梯处开有与两种刀头形状相符的孔槽，用电镀方法生产的金刚石孕镶刀头包括主刃（2）和副刃（3），主刃嵌入外缘孔槽，副刃嵌入阶梯处孔槽。电镀焊接使主副刃与基体牢固连接，镍镀层（4）包容一定浓度的人造金刚石颗粒（5）。本发明能使刀具一次切割出所需的阶梯形砼伸缩缝，具有高效长寿、成本低廉的特点。

权利要求书

1. 电镀阶梯形金刚石锯片，它包括阶梯形锯片基体（1），其特征在于基体外缘与阶梯处开有与两种刀头形状相符的孔槽；具有一定金刚石浓度的电镀孕镶刀头——主刃（2）和副刃（3）。用机械方法将主副刃嵌入基体相应孔槽后进行镀焊，镀焊物是含有人造金刚石（5）的镍镀层（4）。

2. 根据权利要求1所述的产品制造方法，其特征在于包括以下步骤：

a. 预制孕镶金刚石刀头——主、副刃：将冲洗干净的刀头模板按图二接入电路，放入电镀槽（15）中电镀，阳极为1#模板（12），电流密度为2.5 A/dm^2。10 min 后在模板孔内撒上一层人造金刚石（46~70目，3~4型），待金刚石被镍镀层覆盖后再撒第二层金刚石……主刃金刚石层数为7层，副刃为3层。最后一层金刚石被覆盖后即可敲出待用。

b. 将锯片基体外缘和阶梯处铣出与主副刃外形相符的孔槽。

c. 用机械方法将主副刃嵌入基体相应的孔槽内。

d. 用绝缘涂料绝缘基体主副刃以外的部分。

e. 镀前处理后，带电投入电镀槽中电镀，电镀时主副刃处的沉积镍需包容二层人造金刚石。第二层金刚石被完全覆盖后即可出槽。

3. 电镀液配制方法：电镀液（14）成分及浓度：硫酸镍 300 g/L，硼酸 39 g/L，氯化钠 18 g/L，糖精 0.2 g/L，十二烷基硫酸钠 0.08 g/L，上述物质分别用蒸馏水加热溶解，然后混合过滤。调整酸度：pH 为 4~4.5，镀液温度为 20~35 ℃。

说　明　书

电镀阶梯形金刚石锯片及其制造工艺

技术领域：

本发明涉及一种金刚石锯片及其制造工艺，特别是涉及一种用于切割机场跑道、高速公路等高级砼路面阶梯形伸缩缝的金刚石锯片及其制造工艺。

背景技术：

混凝土路面切伸缩缝的目的是为了防止路面发生不规则断裂和变形，在伸缩缝里灌沥青是为了防止雨水渗入冲坏路基。沥青类填料不能经久耐用，容易干裂，因此一些高级路面如机场跑道、高速公路的伸缩缝填料已换成了聚胺酯类高级填料，这类填料的特点是性能优良、价格昂贵。为了节省填料，就要改变伸缩缝的形状，使缝下端变窄（为原来宽度的1/2），伸缩缝上端不能变窄，否则不易灌料，这就是阶梯形伸缩缝的来由。目前切这种缝的方法有两种：一是先用厚刀片切出 2 cm 深的宽缝，再用薄刀片在宽缝内切出足够深的窄缝；二是将二片直径不同的薄刀片拼拢旋紧，合二为一，形成所谓的阶梯形锯片进行切割。上述两种方法虽然能切出阶梯形伸缩缝，但却有操作复杂、浪费刀片、缝形不规范的缺点。

发明内容：

针对上述问题，本发明提供了一种能一次切成阶梯形伸缩缝的电镀阶梯形金刚石锯片及其制造工艺。本发明采用常温电镀技术生产金刚石锯片，使锯片的金刚石避免了高温所造成的石墨化和热龟裂（与热压锯片相比），保持了原有的强度和硬度。本发明采用了二次成型电镀工艺，使产品电镀时间缩短，刀刃结合强度提高。本发明使产品具有厚薄两种金刚石刀刃，这样用户操作方便，缝形规范，切割成本降低，本产品在黄花机场和天河机场的现场施工时，取得了良好的效果。

本发明的目的是这样实现的：电镀阶梯形金刚石锯片，它包括阶梯形锯片基体（1），其特征在于基体外缘与阶梯处开有与两种刀头形状相符的孔槽，具有一定金刚石浓度的电镀孕镶刀头——主刃（2）和副刃（3）。用机械方法将主副刃嵌入基体相应的孔槽后进行镀焊，镀焊物是含有人造金刚石（5）的镍镀层（4）。

上述电镀阶梯形金刚石锯片的制造方法，其特征包括以下步骤：

a. 预制孕镶金刚石刀头——主、副刃：将冲洗干净的刀头模板按图二接入电路，放入电镀槽（15）中电镀，阳极为 1# 镍板（12），电流密度为 2.5 A/dm²。10 min 后在模板孔内撒上一层人造金刚石（46~70 目，3~4 型），待金刚石被镍镀层覆盖后再撒第二层金刚石……主刃金刚石层数为 7 层，副刃为 3 层。最后一层金刚石被覆盖后即可敲出待用。

b. 将锯片基体外缘和阶梯处铣出与主副刃外形相符的孔槽。

c. 用机械方法将主副刃嵌入基体相应的孔槽内。

d. 用绝缘涂料绝缘基体主副刃以外的部分。

e. 镀前处理后，带电投入电镀槽中电镀，电镀时主副刃处的沉积镍需包容二层人造金刚石。第二层金刚石被完全覆盖后即可出槽。

具体实施方式：

1. 配制电镀液（14）：按硫酸镍 300 g/L，硼酸 39 g/L，氯化钠 18 g/L，糖精 0.2 g/L，十二烷基硫酸钠 0.08 g/L 选取化学纯以上纯度的硫酸镍、硼酸、氯化钠、糖精和十二烷基硫酸钠，用蒸馏水分别加热溶解后混合过滤（十二烷基硫酸钠需用蒸馏水煮沸半小时），调整酸度：pH 为 4~4.5，镀液温度为 20~35 ℃。

2. 预制孕镶金刚石刀头——主刃和副刃：将冲洗干净的刀头模板按图二接入电路，放入电镀槽（15）中电镀，阳极为 1# 镍板（12），电流密度为 2.5 A/dm²。10 min 后在模板孔内撒上一层人造金刚石（46~70 目，3~4 型），待金刚石被镍镀层覆盖后再撒第二层金刚石……主刃金刚石层数为 7 层，副刃为 3 层，最后一层金刚石被覆盖后即可敲出待用。

3. 将锰钢锯片基体加工成阶梯形，并在基体外缘和阶梯处铣出与主副刃外形相符的孔槽。

4. 用机械方法将主副刃嵌入基体相应的孔槽内。

5. 用绝缘涂料绝缘基体主副刃以外的部分。引出导线，形成半成品。

6. 镀前处理：

a. 盐酸除锈——半成品放入浓盐酸内，30 s 后取出放入温水中。

b. 电化学除油——除油成分：氢氧化钠 20 g/L，碳酸钠 30 g/L，磷酸三钠 30 g/L，硅酸钠 5 g/L。处理规范：温度 50 ℃，电流密度 5~10 A/dm²，先用阴极除油 2.5 min，后用阳极除油 1 min（将半成品作为阴极或阳极，另一极为镍板），处理完毕取出用温水浸泡。

c. 弱浸蚀——半成品放入浓度为 5% 硫酸溶液（常温）中浸泡半分钟。

7. 电镀操作：

半成品弱浸蚀后，迅速按图二接入电路，带电放入电镀槽（15）中电镀，入槽后先用 3 A/dm² 的电流密度电镀 2 min，然后以 2 A/dm² 的电流密度电镀，0.5 h 后，将人造金刚石（46~70 目，3~4 型）均匀撒在主副刃周围，10 min 后卸掉多余金刚石继续电镀，待镍镀层覆盖金刚石后再撒第二层金刚石，第二层金刚石被覆盖后即可出槽。产品出槽后冲洗干净，去掉绝缘物与电镀毛刺，涂上防锈油即可包装入库。

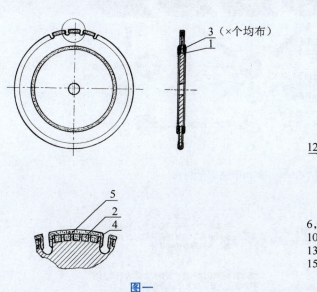

图一

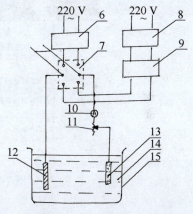

6，8 整流器　7 换向开关　9 电瓶
10 直流电表　11 滑动电阻　12 镍板
13 半成品或刀头模板　14 电镀液
15 电镀槽

图二

撰写发明专利需要创新者具备一定的专业知识和技巧。选择合适的主题、进行专利搜索、详细描述发明、编写权利要求书、申请发明专利都是撰写发明专利时需要注意的事项。只有创新者在撰写发明专利时充分考虑到这些因素，才能够获得最大的专利保护，保护自己的发明不被他人盗用。

拓展学习

三类专利申请手续

在我国，专利主要分为发明专利、实用新型专利和外观设计专利这三种类型。

（1）实用新型专利申请流程：提出申请→受理通知书→缴纳申请费等相关费用→初步审查→（审查意见→）授权或驳回→授权缴纳第一次年费→授权公告→获得专利权及证书。

（2）审查周期：8~12个月。

发明专利申请流程：提出申请→受理通知书→缴纳申请费、实审费、公布印刷费等相关费用→初步审查→初审合格进入公布阶段→实质审查阶段→审查意见→授权或驳回→授权缴纳第一次年费→授权公告→获得专利权及证书。

（3）审查周期：2~3年。

外观设计专利申请流程：提出申请→受理通知书→缴纳申请费等相关费用→初步审查→授予专利权通知书→办理登记手续→获得专利权及证书。

审查周期：4~6个月。

专利申请审批流程如图7-2-4所示。发明专利公布程序如图7-2-5所示。

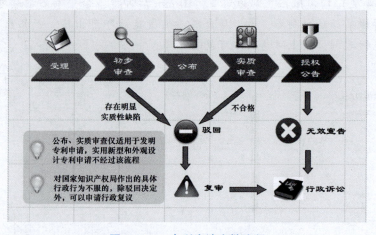

图7-2-4　专利申请审批流程

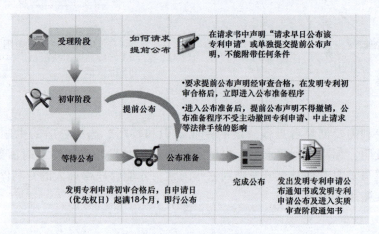

图7-2-5　发明专利公布程序

任务实训

2022 年 1—9 月，中国高校（含港澳台高校）的中国专利公开量为 412 528 件，其中发明申请、发明授权、实用新型、外观设计分别为 191 327 件、126 957 件、81 703 件和 12 541 件。一项好的专利具备非常大的价值，申请专利既可以保护自己的发明创造成果，防止科研成果流失，同时也有利于促进科技进步和经济发展。

请完成下列任务：

1. 以小组为单位，观察生活中的各项事务，找出可以创新、改进的地方。
2. 结合生活观察，思考、讨论、申请一项实用新型或外观设计专利。

创新创业案例

编写投标书

案例导入

2024 年浙江体彩新媒体宣传推广项目

项目编号：CTZB-2023120270

项目名称：2024 年浙江体彩新媒体宣传推广项目

一、采购方式：公开招标

预算金额（元）：700 000

最高限价（元）：700 000

二、采购人信息

名称：浙江省体育彩票管理中心

三、项目概况

浙江省体育彩票管理中心 2024 年浙江体彩新媒体宣传推广项目的潜在投标人应在浙江政府采购网（http：//zfcg.czt.zj.gov.cn/）获取（下载）招标文件，并于 2024 年 1 月 17 日 14 时 00 分（北京时间）前递交（上传）投标文件。

四、要求申请人的资格要求

1. 基本资格要求

满足《中华人民共和国政府采购法》第二十二条规定，未被"信用中国"（www.creditchina.gov.cn）、中国政府采购网（www.ccgp.gov.cn）列入失信被执行人、重大税收违法案件当事人名单、政府采购严重违法失信行为记录名单。

2. 落实政府采购政策需满足的资格要求

本项目为服务项目，本项目采购标的属于【租赁和商业服务业】行业，要求服务全部由中小企业承接，即提供服务的人员为中小企业依照《中华人民共和国劳动合同法》订立劳动合同的从业人员。中小企业是指满足《政府采购促进中小企业发展管理办法》（财库〔2020〕46 号）第二条规定的企业，监狱企业、残疾人福利性单位视为小型、微型企业。

3. 特定资格要求

单位负责人为同一人或者存在直接控股、管理关系的不同投标人，不得参加本项目的政府采购活动。

五、提交投标文件截止时间、开标时间和地点

提交投标文件截止时间：2024 年 1 月 17 日 14 时 00 分（北京时间）。

投标地点（网址）：政府采购云平台（https：//www.zcygov.cn）。

开标时间：2024 年 1 月 17 日 14 时 00 分。

开标地点（网址）：在政府采购云平台（https：//www.zcygov.cn）上开启投标文件。

六、采购具体需求

1. 新闻资讯推广宣传服务

平台一、二：综合类或者新闻类主流移动端，2023 年 1 月至 3 月，平均月度独立设备数需全国排名前 4 位，或平均月活用户需全国排名前 4 位且平均月活用户数不低于 5 000 万。

平台三：综合类或者新闻类主流移动端，2021 年 1 月至 3 月，平均月度独立设备数需全国排名为前 9 位（含第 9 位），或平均月活用户需全国排名前 9 位（数据来源需为 A. C. 尼尔森、艾瑞咨询、QuestMobile 等平台），选择其中一个平台客户端，发 50 篇新闻发布。

平台四：综合类或者新闻类主流移动端，2022 年 1 月至 3 月，平均月度独立设备数需全国排名前 4 位，或平均月活用户需全国排名前 4 位且平均月活用户数不低于 5 000 万。

2. 制作 H5 页面

全年为浙江体彩提供三次主题策划活动的技术支持，主要负责 H5 创意、文案策划、页面设计、技术交互，包括但不限于营销活动、品牌推广、公益宣传类 H5。展示类 2 个，互动类 1 个，页面数量根据采购人确定。

3. 浙江体彩官方微博运营推广

策划 1 次热搜榜上榜话题，迅速扩大浙江体彩的品牌/活动曝光和影响力。合作到期时，"浙江体彩"官方微博账号粉丝增长不少于 3.5 万。

七、服务期限：合同签订之日起一年。

八、验收

采购人按《浙江省财政厅关于印发浙江省政府采购合同暂行办法的通知》（浙财采监〔2017〕11 号）相关规定组织验收。在项目服务完成，并满足要求后，经招标方确认，按照招标文件及招标方要求的方法和验收标准，对项目进行验收。项目最终验收，由用户确定具体时间组织专家进行项目最终验收。

（资料来源：浙江政府采购网（http：//zfcg.czt.zj.gov.cn/））

【思考】

1. 2024 年浙江体彩新媒体宣传推广项目评标原则是什么？

2. 浙江省体育彩票管理中心在编制本次投标文件时应注意哪些问题？

学习目标

知识目标

1. 理解招投标的内涵

2. 理解招标的方式、方法与范围

3. 理解招投标的程序

4. 掌握投标应准备的资料、投标文件的内容和格式

能力目标

1. 掌握投标决策与投标策略

2. 掌握编制投标文件的思路

素质目标

1. 践行高质量发展理念

2. 强化创新驱动能力

3. 坚持诚信经营原则

单元思维导图

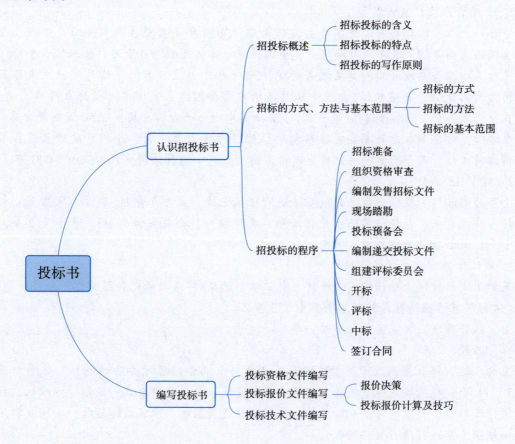

单元一　认识招投标书

招标投标作为一种交易方式，与商品经济的产生和发展有密切的联系。我国招标投标制度伴随着改革开放而得到广泛运用，是传统计划经济向社会主义市场经济转变，建立和规范市场竞争秩序的重要手段。招标投标制度为打破传统计划经济的分割、封闭，激发企业竞争的活力，优化市场资源配置，确保工程、货物、服务项目质量，提高经济和社会效益，规范市场主体行为，构建防腐倡廉体系等发挥了举足轻重的作用。随着招标投标法律体系和行政监督、社会监督体制的建立健全以及市场主体诚信自律机制的逐步完善，招标投标制度必将获得更加广阔的运用和健康、持续的发展。

一、招投标概述

（一）招标投标的含义

招标投标是市场主体通过有序竞争，择优配置工程、货物和服务要素的交易方式，是规范选择交易主体并订立交易合同的法律程序。招标人发出招标公告（邀请）和招标文件，公布招标采购或出售标的物内容范围、技术标准、投标资格、合同条件；满足条件的潜在投标人按招标文件要求进行公平竞争，编制投标文件，一次性密封投标，招标人依法组建的评标委员会按招标文件规定的评标标准和办法，公正评价，推荐中标候选人，招标人依法择优确定中标人，公布中标结果，并与中标人签订合同。

（二）招标投标的特点

招标采购作为最富有竞争性的一种采购方式，其采购量足够吸引投标人参标。与其他采购方式相比，招标采购具有以下特性：

1. 竞争性

有序竞争，优胜劣汰，优化资源配置，提高社会效益和经济效益。这是社会主义市场经济的本质要求，也是招标投标的根本特性。

2. 程序性

招标投标活动必须遵循严格的法律程序。《中华人民共和国招标投标法》及相关法律政策，对招标人确定招标采购内容、招标范围、招标方式、招标组织形式直至选择中标人并签订合同的招标中标全过程每一环节的工作内容和时间、顺序都有严格的限定，不能随意改变。任何违反法律程序的招标投标行为，都可能侵害相关当事人的权益，且应当承担相应的法律责任。

3. 规范性

《中华人民共和国招标投标法》及相关法规政策对招标投标主体的资格、行为和责任以及各个环节的工作条件、内容、形式、标准都有明确的规范要求，应当严格遵守。

4. 一次性

投标要约和中标承诺只有一次机会，且密封投标，双方不得在招标投标过程中就实质性内容进行协商谈判，讨价还价，这也是招标采购与谈判采购以及拍卖竞价的主要区别。

5. 技术经济性

招标采购或出售标的都具有不同程度的技术性，主要体现在招标项目标的使用功能和技术标准、建造、生产和服务过程的技术及管理要求等；招标投标的经济性同样贯穿招标投标的全过程，体现在招标人的预期投资目标和投标人竞争期望值的博弈平衡，形成了中标价格。

以上特性基本反映了招标采购的本质，也是判断一项采购活动是否属于招标采购的标准和依据。充分认识招标投标的特性，对于顺利进行招标投标非常重要。但招标投标也有自身的缺点，如历时较长；有时反而买到价格高的货物，其原因是招标书中技术规格要求过高，商务条款苛刻，甩给投标人的风险太大，分包不合理，太高业绩要求使国内产品失去投标资格等；一般买不到性能最好的产品等。

（三）招投标的写作原则

招标文件对于招标采购活动十分重要，招标人应重视编制招标文件，并本着公平、公正、诚实信用的原则，务必使招标文件严密、周到、细致、内容正确。编制招标文件是一项十分重要且非常烦琐的工作，应有有关专家参加，必要时还要聘请咨询专家参加。一般而言，招标文件的编制应注意以下问题。

（1）所采购的货物、设备或工程的内容，必须详细地说明，以构成竞争性招标的基础。

（2）制定技术规格和合同条款不应造成对有资格投标的任何供应商或承包商的歧视。

（3）评标的标准应该是公开和合理的，对偏离招标文件另行提出新的技术规格的标的评审标准，更应切合实际，力求公平。

二、招标的方式、方法与范围

（一）招标的方式

按照不同的分类方法，可以划分为不同的招标方式。实践中比较常见的分类方式有按竞争开放程度和按竞争开放地域两种。

1. 按竞争开放程度分类

按照竞争开放程度，招标方式分为公开招标和邀请招标两种方式。

招标项目应依据法律规定条件，项目的规模、技术、管理特点要求，以及投标人的选择空间等因素选择合适的招标方式。国有资金占控股或者主导地位的依法必须进行招标的项目，一般应采用公开招标；如符合条件，确实需要采用邀请招标方式的，须经有关部门核准、备案或认定。

（1）公开招标。

公开招标属于非限制性竞争招标，是招标人以招标公告的方式邀请不特定的法人或其他组织参加投标，按照法律程序和招标文件公开的评标标准和办法选择中标人的一种招标方式。这是一种充分体现招标信息公开性、招标程序规范性、投标竞争公平性，可以降低串标、抬标和其他不正当交易的可能性，最符合招标投标优胜劣汰和"三公"特征的招标方式，也是主要的采购方式。依法必须进行招标的项目采用公开招标应当按照《招标公告和公示信息发布管理办法》（2017年11月23日国家发展改革委令第10号公布）及其他有关规定指定的媒体发布资格预审公告或招标公告。

（2）邀请招标。

邀请招标属于有限竞争性招标，也称选择性招标。招标人以投标邀请书的方式直接邀请特定的潜在投标人参加投标，按照法律程序和招标文件规定的评标标准方法选择中标人的招标方式。邀请招标不必发布招标公告或资格预审公告，但必要时可以组织资格预审，且投标人不应少于3个。由于邀请招标选择投标人的范围和投标人的竞争程度受到一定限制，可能达不到预期的竞争效果及其中标价格。邀请招标适用于因涉及国家安全、国家秘密、商业机密、技术复杂性、有客观特殊要求，或受自然环境限制等只有少量几个潜在投标人可供选择的项目，或者招标项目较小，采用公开招标方式的费用占项目合同金额的比例过大的项目。

公开招标和邀请招标方式特点对比见表8-1-1。

表8-1-1　公开招标和邀请招标方式特点对比

招标方式 对比项目	公开招标	邀请招标
适用招标	适用范围较广，大多数项目均可以采用公开招标方式。规模较大、建设周期较长的项目尤为适用	通常适用于技术复杂、有特殊要求或者受自然环境限制只有少数潜在投标人可供选择的项目，或者拟采用公开招标的费用占合同金额比例过大的项目。 国家和省级重点项目，国有资金占控股或主导地位的依法必须进行招标的项目，采用邀请招标应当经批准或认定

招标方式 对比项目	公开招标	邀请招标
竞争程度	属非限制性竞争招标方式，投标人之间相互竞争比较充分	属有限竞争性招标方式，投标人之间的竞争受到一定限制
招标成本	招标成本和社会资源耗费相对较大	招标成本和社会资源耗费相对较少
信息发布	招标人以公告的方式向不特定的对象发出投标邀请。依法必须进行招标的项目，应当在指定媒体发布招标公告或资格预审公告	招标人以投标邀请书的方式向特定的对象发出投标邀请
优点	信息公开、程序规范、竞争充分，不容易被串标、抬标；投标人较多，招标人挑选余地较大，有利于从中选择出合适的中标人	招标工作量相对较小，招标花费较少，投标人比较重视，招标人选择的目标相对集中
缺点	素质能力良莠不齐，招标工作量大，时间较长	投标人数量相对较少，竞争性较差；招标人在选择邀请对象前所掌握的信息存在局限性，有可能得不到最合适的承包商和获得最佳竞争效益

（二）招标的方法

为适应不同招标项目的特点需要，《招标投标法实施条例》规定两阶段招标、电子招标等招标方法和招标手段。另外，人们在实践中还摸索出了框架协议招标等招标方法。

1. 两阶段招标

对于一些技术复杂或者无法精确拟定技术规格的项目招标，可以分为两个阶段进行：

第一阶段通过招标公告征集项目技术方案，从潜在投标人递交的技术方案中优选确定技术方案，统一技术标准、规格和要求，并据此编制招标文件，因此这个阶段实质是招标文件的准备阶段，除发布招标公告外，不需要严格按照招标投标程序要求实施，潜在投标人也不需要递交有实质约束力的投标报价，但是可以要求其提供经济参考指标或市场最高价格。第二阶段一般由第一阶段递交技术方案的潜在投标人按照招标文件及其统一确定的技术标准、规格要求，编制递交投标文件。

2. 电子招标

电子招标投标系统是指用于完成招标投标活动的信息系统，由公共服务平台和项目交易平台组成。公共服务平台由国家、省和市三级组成，由政府主导建设运营，供招标投标主体、社会公众和行政监督部门交互、共享和监督，包括项目招标公告、中标结果公示、企业与个人主体身份以及资格业绩、信誉、法律政策、市场统计分析等招标投标信息。项目交易平台由市场主体按照市场化、专业化的要求自主建设运营，供招标投标主体利用电子信息手段完成项目招标投标交易全过程，并与公共服务平台交互数据电文。

电子招标投标与纸质招标投标相比，具有"高效、低碳、节约、透明"的特点，特别有利于建立招标投标市场信息一体化共享体系，突破传统招标投标实施和管理封闭分割的缺陷，转变和完善招标投标行政监督方式，真正实现"公开、公平、公正"的价值目标，有效发挥社会监督和主体自律作用，建立健全招标投标信用体系，规范招标投标秩序，预防和惩治腐败交易行为。

目前，电子招标投标已经在招标代理服务、政府集中采购和大型企业集中招标采购以及公共交易服务和管理中运用。特别在一些技术规格简单、标准统一，容易分类、鉴别和评价或需要广泛征求投标竞争者的项目招标中，全过程运用电子招标投标的效率优势更加显著。但是，目前迫切需要加强统一指导和协调，统一制定实施《电子招标投标办法》和《电子招标投标系统技术规范》，统一建立电子招标投标公共服务平台体系，以尽快解决当前各行业、各单位电子招标投标系统自成体系，互不连通，信息资源孤立封闭，互不共享，电子招标投标程序缺乏制度保障等紧迫问题，以便有效推动电子招标投标更加广阔、规范的运用和发展。

3. 框架协议招标

主要适合于企业集团或政府采购招标人采用集中一次组织招标，为下属多个实施主体在一定时期内因零星、应急或重复需要分批次采购技术标准、规格和要求相同的货物或同一类型的服务。招标人通过招标，与中标人形成货物或服务统一采购框架协议，协议中一般只约定有效期内采购货物和服务的技术标准、规格和要求及其合同单价，不约定或大致约定采购标的数量和合同总价，各采购实施主体按照采购框架协议分别与一个或几个中标人分批次签订和履行采购合同协议。为了适应有效期内货物和服务产生的价格波动，框架协议中可以选择确定一个价格联动指数，适时调整框架协议确定的货物和服务合同单价，也可以采用定期更新补充框架协议中标人数量及其中标单价的动态调整办法。

（三）招标的基本范围

招标范围是指招标人必须或可以使用招标方式采购的标的范围。所有工程、货物和服务除特殊情况外，原则上都适用于招标方式采购。

1. 工程招标

工程招标是招标人用招标方式发包各类土木工程、建筑工程、设备和管线安装工程、装饰装修工程等，选择工程施工承包或工程总承包企业的行为。

（1）工程施工招标。

工程建设项目招标人，通过招标选择具有相应工程施工承包资质的企业，按照招标要求对工程建设项目的施工、试运行、竣工等实行承包，并承担工程建设项目施工质量、进度、造价、安全等控制责任和相应的风险责任。工程产品具有唯一性、一次性、产品固定性的特点。工程招标人通过对比施工企业，选择工程施工承包人，再按照合同的特定要求施工和验收工程，不可能"退货和更换"。而货物产品供应商通常先按标准批量生产，采购人通过对比现成货物选择供应商。这就决定了工程施工招标区别于货物采购招标的特点，主要是选择一个达到资格能力要求的中标承包人和合理、可行的承包价格以及工程施工组织设计，而不是选择一个现成的产品。因此，工程施工评标主要是考察投标人报价竞争的合理性，工程施工质量、造价、进度、安全等控制体系的完备性和施工方案与技术管理措施的可行性与合理性，组织机构的完善性及其实施能力、信誉的可靠性。小型简单工程则在施工组织设计可行的基础上，以投标价格作为选择中标人的主要因素。

（2）工程总承包招标。

工程建设项目招标人通过招标选择具有相应资格能力的企业，在其资质等级许可的承包范围内，按照招标要求对工程建设项目的勘察、设计、招标采购、施工、试运行、竣工等实行全过程或若干阶段的总承包，全面负责工程建设项目建设总体协调、管理职责，并承担工程建设项目质量、进度、造价、环境、安全等控制责任和相应的风险责任。工程总承包招标主要以"投标报价竞争合理性、工程总承包技术管理方案的可行性、工程技术经济和管理能力及信誉可靠性"作为选择中标人的综合评标因素。工程总承包的主要方式有：设计采购施工（EPC)/交钥匙总承包、设计-施工总承包（D+B）等。

2. 货物招标

招标采购各种原材料、机电设备、产品等商品以及可能附带的配套服务，既包括构成工程的货物，也包括一般生产资料、生活消费品、药品、办公用品等。货物招标采购应全面比较货物产品的价格、使用功能、质量标准、技术工艺、售后服务等因素。相同条件下，产品的价格是决定中标的主要因素，但也并非价格越低越好。招标人更需要选择性价比高的产品。

3. 服务招标

服务招标采购指工程和货物以外的各类社会服务、金融服务、科技服务、商业服务等，包括与工程建设项目有关的投融资，项目前期评估咨询，勘察设计、工程监理、项目管理服务等。区别于工程和货物招标采购，服务招标竞争力主要体现在服务人员素质能力及其服务方案优劣的差异，所以服务价格并不是评价投标人竞争力的主要指标。

服务招标中还包括各类资产所有权、资源经营权和使用权出让招标，如企业资产或股权转让、土地使用权出让、基础设施特许经营权、科研成果与技术转让以及其他资源使用权的出让招标。此类招标大多以价格竞争为主，结合经营或使用权受让方案的科学性、可行性、可靠性及其经营管理能力的竞争。

三、招投标的程序

（一）招标准备

招标准备工作包括判断招标人资格能力、制订招标工作总体计划、确定招标组织形式，落实招标基本条件和编制招标采购方案。这些准备工作应该相互协调，有序实施。

1. 判断招标人的资格能力条件

招标人是提出招标项目，发出招标要约邀请的法人或其他组织。招标人是法人的，应当有必要的财产或者经费，有自己的名称、组织机构和场所，具有民事行为能力，且能够依法独立享有民事权利和承担民事义务的机构，包括企业、事业、政府机关和社会团体法人。招标人是不具备法人资格的其他组织，应当是依法成立且能以自己的名义参与民事活动的经济和社会组织，如合伙型联营企业、法人的分支机构、不具备法人资格条件的中外合作经营企业、法人依法设立的项目实施机构等。

2. 制订招标工作总体计划

根据政府、企业采购需要或项目实施进度要求制订项目招标采购总体计划，明确招标采购内容、范围和时间。

3. 确定招标组织形式

（1）自行组织招标。

招标人如具有与招标项目规模和复杂程度相适应的技术、经济等方面的专业人员，经审核后可以自行组织招标。自行组织招标便于招标人对招标项目进行协调管理，但招标人认识水平和法律、技术专业水平的限制而影响、制约招标采购的"三公"特性、规范性及其招标竞争的成效。因此即使招标人具有自行组织招标的能力条件，也可优先考虑选择委托代理招标。招标代理机构相对招标人来说，具有更专业的招标资格能力和业绩经验，并且相对客观公正。

（2）委托代理招标。

招标人如不具备自行组织招标的能力条件的，应当委托招标代理机构办理招标事宜。招标人应该根据招标项目的行业和专业类型、规模标准，自主选择具有相应资格的招标代理机构，委托其代理招标采购业务。招标代理机构是依法成立，具有相应招标代理资格条件，且不得与政府行政机关存在隶属关系或其他利益关系，按照招标人委托代理的范围、权限和要求，依法提供招标代理的相关咨询服务，并收取相应服务费用的专业化、社会化中介组织，属于企业法人。

（3）招标代理合同。

招标人与招标代理机构应当签订委托招标代理的书面合同，明确委托招标代理的内容范围、权限、义务和责任。招标代理机构不得无权代理、越权代理和违法代理，不得接受同一招标项目的投标咨询服务。委托招标代理合同主要包括委托招标代理机构开展招标代理服务的内容、范围和权限；招标人委托代理机构开展委托代理范围工作的起止时间；双方的职责，各自的权利、义务和承担的责任；服务收费项目、收费标准、支付方式和时间以及合同的变更、解除、违约责任以及合同履行中发生争议的解决办法等。

4. 编制招标方案

为有序、有效地组织实施招标采购工作，招标人应在上述准备工作的基础上，根据招标项目的特点和自身需求，依据有关规定编制招标方案，确定招标内容范围、招标组织形式、招标方式、标段划分、合同类型、投标人资格条件，安排招标工作目标、顺序和计划，分解落实招标工作任务和措施。需要的资源、技术与管理条件。其中，依法必须招标的工程建设项目的招标范围、招标方式与招标组织形式应报项目审批部门核准或招标投标监督部门备案。

（二）组织资格审查

为了保证潜在投标人能够公平地获取投标竞争的机会，确保投标人满足招标项目的资格条件，同时避免招标人和投标人不必要的资源浪费，招标人应当对投标人进行资格审查。资格审查分为资格预审和资格后审两种。

1. 资格预审

资格预审是指招标人在投标前按照有关规定程序和要求公布资格预审公告和资格预审文件，对获取资格预审文件并递交资格预审申请文件的申请人组织资格审查，确定合格投标人的方法。

2. 资格后审

资格后审是指开标后由评标委员会对投标人资格进行审查的方法。采用资格后审办法的，按规定要求发布招标公告，并根据招标文件中规定的资格审查方法、因素和标准，在评标时审查确认满足投标资格条件的投标人。

采用邀请招标的项目，招标人也可以根据项目的需要，对潜在投标人进行资格预审，并向通过资格审查的三个以上潜在投标人发出投标邀请书。

（三）编制发售招标文件

1. 编制招标文件

按照招标项目的特点和需求，调查收集有关技术，经济和市场情况，依据有关规定和标准文本编制招标文件，并可以根据有关规定报招标投标监督部门备案。

2. 发售招标文件

按照投标邀请书或招标公告规定的时间、地点发售招标文件。为了防止串标、围标和低于成本价竞争，并为评标分析对比提供参考依据，可以根据招标采购项目的特点、要求、市场价格及竞争情况，依据招标文件和有关计价规定编制招标项目的标底。标底信息和编制过程应当保密。为避免发生围标、抬标现象，招标人也可以编制，并应当在招标文件中公布招标控制价（最高投标限价）或采购预算额，或者明确最高投标限价的计算方法。

（四）现场踏勘

招标人可以根据招标项目的特点和招标文件的约定，集体组织潜在投标人对项目实施现场的地形地质条件、周边和内部环境进行实地踏勘了解，并介绍有关情况。潜在投标人应自行负责据此作出的判断和投标决策。

工程设计、监理、施工和工程总承包以及特许经营等项目招标一般需要组织现场踏勘。

（五）投标预备会

投标预备会是招标人为了澄清、解答潜在投标人在阅读招标文件和现场踏勘后提出的疑问，按照招标文件规定时间组织的投标预备会议。但所有的澄清、解答均应当以书面方式发给所有购买招标文件的潜在投标人，并属于招标文件的组成部分。招标人同时可以利用投标预备会对招标文件中有关重点、难点内容主动作出说明。

（六）编制递交投标文件

投标人在阅读招标文件时产生疑问和异议的可以按照招标文件约定的时间书面提出澄清要求，招标人应当及时书面答复澄清，对于投标文件编制有影响的，应该根据影响的时间延长相应的投标截止时间。投标人或其他利害人如果对招标文件的内容有异议，应当在投标截止时间 10 天前向招标人提出。

潜在投标人应严格依据招标文件要求的格式和内容，编制、签署、装订、密封、标识投标文件，按照规定的时间、地点、方式递交投标文件，并根据招标文件规定的方式和金额提交投标保证金。投标人在提交投标截止时间之前，可以撤回、补充或者修改已提交的投标文件。

（七）组建评标委员会

招标人应当在开标前依法组建评标委员会。依法必须进行招标的项目，评标委员会由招标人及其招标代理机构熟悉相关业务的代表和不少于成员总数 2/3 的技术、经济等方面的专家组成，成员人数为 5 人以上单数。依法必须进行招标的一般项目，评标专家可以从依法组建的评标专家库中随机抽取；特殊招标项目可以由招标人从评标专家库中或库外直接确定。

（八）开标

招标人及其招标代理机构应按招标文件规定的时间、地点主持开标，邀请所有投标人派代表参加，并通知监督部门，开标应如实记录全过程情况。除非招标文件或相关法律法规另有规定，否则投标人不参加开标会议并不影响投标文件的有效性。

（九）评标

评标由招标人依法组建的评标委员会负责。评标委员会应当在充分熟悉、掌握招标项目的主要特点和需求，认真阅读研究招标文件及其相关技术资料、评标方法、因素和标准、主要合同条款、技术规范等，并按照初步评审、详细评审的先后步骤对投标文件进行分析、比较和评审，评审完成后，评标委员会应当向招标人提交书面评标报告并推荐中标候选人。

（十）中标

依法必须进行招标的项目，招标人应当自收到评标报告之日起 3 日内在国家指定媒体公示中标候选人，公示期不得少于 3 日。投标人或者其他利害关系人对依法必须进行招标项目的评标结果有异议的，应当在中标候选人公示期间提出。招标人应当自收到异议之日起 3 日内作出答复，作出答复后，才能进行下一步招标投标活动。

（十一）签订合同

招标人与中标人应当自中标通知书发出之日起 30 日内，依据中标通知书、招标文件、投标文件中的合同构成文件签订合同。

公开招标基本程序图如图 8-1-1 所示。

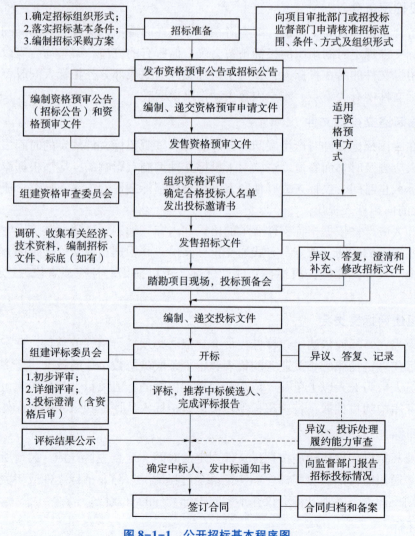

图 8-1-1　公开招标基本程序图

单元二　编写投标书

投标是指自然人、法人或者其他组织对招标公告或者投标邀请书进行响应，购买招标文件，接受资格审查，并编制投标文件，按照招标人的要求并结合自身的实力竞争订立合同机会的经济活动。投标文件，也称投标函或者投标书，是投标活动最重要的一份文件，是投标活动的书面成果，是招标人选择中标人、发包工程的重要依据。投标文件必须实质性响应招标文件的要求，如果不能实质响应招标文件的要求，则是废标，将导致整个投标活动失败。

一、投标资格文件编写

招标公告和招标文件均明确投标人的资格标准，凡符合招标文件资格标准要求的投标人均为合格投标人，方可进入下一阶段评标。以免因资格条件不具备引起废标。

招标文件中的资格条件要求是通过投标人的法人营业执照、资质证、法人代表授权书等各种有效证件和材料来实现的，这些证件都是证明合格投标人的有效证件，因此投标人在参加投标报名前，应注意投标资格文件的完整性、有效性和资格性。

下面是某投标资格文件目录示例：

（1）营业执照复印件。

（2）承诺书（格式见附件）。

（3）投标函。

（4）《法定代表人授权书》原件（非法定代表人参加投标时用）。

（5）法定代表人身份证复印件。

（6）投标人代表身份证复印件。

图 8-2-1 所示为某工程施工项目投标资格文件（封面样式）。表 8-2-1 所示为某工程施工项目投标资格审查表（样表）

图 8-2-1　某工程施工项目投标资格文件（封面样式）

投标函部分是对招标文件中重要条款作出响应，包括法定代表人身份证明书、投标文件签署授权委托书、投标函及投标函附录、投标担保文件等。

（1）法定代表人身份证明书、投标文件签署授权委托书。法定代表人身份证明书、投标文件签署授权委托书是证明投标人合法性及商业资信的文件，应当按时填写，该文件保证了投标文件的法律效力。如法定代表人亲自参加投标活动，需要法定代表人身份证明文件，不需要投标文件授权委托书；如法定代表人不能亲自参加投标活动，则用授权委托书来证明投标活动代表有权代表法定代表人参与投标各项活动。

（2）投标函及附录。投标函是投标人向招标人发出的要约，表明投标人完全愿意按照招标文件的要求完成发包工程。要约是当事人一方向对方发出的希望与对方订立合同的意思表示。投标函应当写明投标人的投标报价、工期、质量承诺，并对履约担保、投标担保作出具体明确意思表示，并加盖投标人单位公章，法定代表人签字和盖章。

投标函附录是明示投标文件中的重要内容和投标人的承诺要点。

（3）投标保证金。投标保证金是一种责任担保，是为了避免因投标人在投标有效期内随意撤回、撤销投标或中标不能提交履约担保和签署合同而给招标人造成损失。

表 8-2-1　某工程施工项目投标资格审查表（样表）

序号	资格要求		供应商符合程度（供应商填写）	资格证明文件
1	供应商名称			提供有效的法人营业执照
2	符合《中华人民共和国政府采购法》第二十二条（一）至（六）的规定	具有独立承担民事责任的能力		提供符合参加政府采购活动应当具备的一般条件的承诺函
		具有健全的财务会计制度		
		具有履行合同所必需的设备和专业技术能力		
		有依法缴纳税收和社会保障资金的良好记录		
		参加政府采购活动前三年内，在经营活动中没有重大违法记录		
		法律、行政法规规定的其他条件		
3	落实政府采购政策需满足的资格要求	本项目专门面向中小企业采购，行业为：建筑业，供应商需满足《中小企业划型标准规定》（2011 版）中的中小企业规模标准		提供中小企业、监狱企业、残疾人福利单位的声明函

序号	资格要求		供应商符合程度（供应商填写）	资格证明文件
4	供应商的特定资格条件	供应商具有建筑工程施工总承包三级及以上资质		提供资质证书
		拟派项目经理具有建筑工程或市政工程专业二级及以上建造师注册证书		提供建造师注册证书
		供应商须具有企业安全生产许可证；企业主要负责人（法定代表人、企业经理、企业分管安全生产的副经理、企业技术负责人）具有"三类人员"A类证书；拟派项目经理须具有"三类人员"B类证书；拟派施工现场专职安全生产管理人员具有"三类人员"C类证书		提供安全生产许可证、"三类人员"A类证书、B类证书、C类证书
5	供应商未被列入失信被执行人、重大税收违法失信主体、政府采购严重违法失信行为记录名单［以"信用中国"网站（www.creditchina.gov.cn）、中国政府采购网（www.ccgp.gov.cn）查询结果为准］			提供符合参加政府采购活动应当具备的一般条件的承诺函（具体以资格审查时查询结果为准）
6	单位负责人为同一人或者存在直接控股、管理关系的不同供应商，不得参加同一合同项下的政府采购活动			提供符合参加政府采购活动应当具备的一般条件的承诺函
7	为采购项目提供整体设计、规范编制或者项目管理、监理、检测等服务的供应商，不得再参加该采购项目的其他采购活动			
8	供应商及拟派项目经理2020年10月1日至磋商响应截止时间前无行贿犯罪记录（以中国裁判文书网查询结果为准）			提供声明（具体以资格审查时查询结果为准）

序号	资格要求	供应商符合程度 （供应商填写）	资格证明文件
9	本项目接受联合体投标		磋商文件允许联合体参加磋商时，提供满足磋商文件要求的联合体协议书

供应商：（公章）
法定代表人或其授权代表：（签字或加盖人名章）
日期：
资料来源：浙江政府采购网（http：//zfcg. czt. zj. gov. cn/）

二、投标报价文件编写

投标报价和项目方案是招标人评标时的重要衡量因素。因此，招标人在招标文件中应事先提出报价的具体要求及计算方法。而投标人具体的投标报价策略的选择也往往与项目合同价格形式的选择、合同条件中对各方权利义务的安排等内容直接相关。

（一）报价决策

投标报价策略的采用，应当根据企业自身现实情况、竞争对手情况、招标人情况等因素进行分析。总体来讲，不同的报价策略，主要体现在报价高低上，所以，可以分为高、中、低三种报价策略。即高价盈利策略、中价保本微利策略和低价亏损策略。

1. 高价盈利策略

工程项目有下列情形时，通常可以选择高价盈利策略：

（1）企业生产任务饱满，投标主要目的就是为了盈利，如果由于报价过高而失去中标机会也不可惜。

（2）招标项目的技术要求较高，或者要求有特殊设备，而企业对招标项目所需技术拥有一定的特长和良好声誉，或者拥有特殊的设备。

（3）竞争对手实力较弱，企业具有一定优势。

（4）招标人信誉不佳，或者财务支付条件、支付能力不理想，为规避风险，可以提高报价。

2. 中价保本微利策略

投标企业采用中价保本微利策略，主要有以下几种原因：

（1）企业业务量不充分，宁可低价中标，也要提升业务量。

（2）项目投标竞争对手较多，竞争激烈。

（3）招标人信誉较好，支付条件优越，项目风险小。

（4）企业为开拓市场，低价投标。

3. 低价亏损策略

采用低价亏损策略时，企业不仅不考虑利润，甚至还要考虑有一定亏损的情况。这种报价策略是不考虑风险费用，如果在施工过程中，没有风险事件发生，则投标人报价成功；如果风险事件发生，则有可能面临损失。使用这种方法时要注意，按照《中华人民共和国招标投标法》的规定，投标报价不能低于成本价，所以如果报价明显低于正常水平，则有可能做废标处理。

低价亏损策略主要应用于以下几种情况：

（1）企业严重缺乏业务，为避免窝工等造成的更大亏损。

（2）招标人信誉好，没有支付风险。

（3）招标人可能还有后续工程，为了获得后续工程合约，招标人可以低价中标，争取获得后续工程，得到补偿。

（二）投标报价计算及技巧

1. 投标报价计算

投标报价计算包括定额分析、单价分析、计算工程成本、确定利润方案，最后确定报价。

投标报价由分部分项工程费、措施项目费、其他项目费、规费和税金组成。

（1）分部分项工程费是指各专业工程的分部分项工程应予列支的各项费用。

（2）措施项目费是指为完成建设工程施工，发生于该工程施工前和施工过程中的技术、生活、安全、环境保护等方面的费用。

（3）其他项目费包括暂列金额、计日工和总承包服务费。其中，暂列金额是指建设单位在工程量清单中暂定并包括在工程合同价款中的一笔款项；计日工是指在施工过程中，施工企业完成建设单位提出的施工图纸以外的零星项目或工作所需的费用；总承包服务费是指总承包人为配合、协调建设单位进行的专业工程发包，对建设单位自行采购的材料、工程设备等进行保管以及施工现场管理、竣工资料汇总整理等服务所需的费用。

（4）规费是指按国家法律、法规规定，由省级政府和省级有关权力部门规定必须缴纳或计取的费用。

（5）税金是指国家税法规定的应计入建筑安装工程造价内的营业税、城市维护建设税、教育费附加以及地方教育附加。

2. 投标报价技巧

（1）不平衡报价法。不平衡报价法是相对通常的平衡报价（正常报价）而言的，是在工程项目的投标总价确定后，根据招标文件的付款条件，合理地调整投标文件中子项目的报价，在不抬高总价以免影响中标（商务得分）的前提下，实施项目时能够尽早、更多地结算工程款，并能够赢得更多利润的一种投标报价方法。

（2）多方案报价法。多方案报价是在标书中报多个标价。其中一个按照原招标文件的条件报；另一些则对招标文件进行合理的修改，在修改的基础上报出价格。例如，在标书说明中，只要修改了招标文件中某一个不合理的设计，标价就可降低多少。用这种方法来吸引发包方，只要修改意见有道理，发包方就会采纳，从而使采用多方案报价法的投标单位在竞争中处于有利地位，增加了中标机会。这种方法适合于招标文件的条款不明确或不合理的情况，投标企业通过多方案报价，既可以提高中标机会，又可以减少风险。

（3）增加建议方案法。如果招标人在招标文件中明确规定，投标人可以提出新的方案，则投标人可以采用增加建议方案法，增大中标的可能性。

下面是投标报价文件目录示例：

① 报价函及报价函附录。

② 初次报价一览表格式。

③ 初次报价组成明细表格式。

④ 已标价工程量清单（工程类项目）。

⑤ 最后报价函。

图 8-2-2 所示为某服务项目报价文件示例（封面样式）。

```
第三部分 报价文件
封面

采购人：_____
项目名称：
项目编号 _____
标项名称：_____




        磋商响应文件
        （报价文件）




供应商全称：_____ （盖单位公章）

        2023年  月  日
```

图 8-2-2 某服务项目报价文件示例（封面样式）

投标人在投标报价时需注意下列事项：

（1）投标报价应当严谨、细致。

（2）投标人在报价时不能漏项、错项。

（3）各子项的内容、价格组成应当准确、完整和充分。

尤其没有工程量清单作为参考的情况下，对于招标文件中的业主需求和项目特征的介绍，工程量和工作范围、内容的描述等内容，投标人更应当认真核实、分析。

图 8-2-3 所示为服务项目报价文件示例（初次报价一览表/明细表）。

二、初次报价一览表格式

初次报价一览表

采购人：_____
项目名称：
项目编号：_____

序号	标项名称	数量	单位
1		1	项
报价总价		小写：¥_____ 大写：人民币_____	

供应商全称：_____ （盖单位公章）
日期：2023 年 月 日

填写说明：
（1）具体价格明细详见《初次报价组成明细表》。
（2）大写金额与小写金额不一致时，以大写金额为准。

图 8-2-3 服务项目报价文件示例（初次报价一览表/明细表）

三、初次报价组成明细表格式

初次报价组成明细表

采购人 _____

项目名称：

项目编号：_____

标项名称：_____

（价格单位：元人民币）

序号	内容名称	内容描述	数量	单位	单价	合价	备注
合计（以上费用之和）							

供应商全称：_____（盖单位公章）

日期：2023年 月 日

报价说明：

（1）除甲方提供采购文件约定的内容外，其他均由乙方完成。

（2）涉及服务所需材料时，内容描述须明确材料、配件的规格、技术参数、品牌产地等信息。

（3）服务所使用的设备按设备使用费计入。

（4）合计费用结转至初次报价一览表。

（5）表中不得有给予采购人的赠品、回扣或者与本项目采购无关的其他商品、服务。

（6）各分项报价应合理，且不得低于成本。

（7）根据联合协议、分包意向协议内容，在备注栏填写承接主体。如供应商非联合体或不分包，不用填写。

图 8-2-3 服务项目报价文件示例（初次报价一览表/明细表）（续）

工程项目报价文件（初次报价一览表/明细表）

图 8-2-4 所示为工程项目报价文件示例（投标报价费用表）。

投标报价费用表

工程名称：   第 页共 页

序号	工程名称	金额(元)	其中：（元）				备注
			暂估价	安全文明施工基本费	规费	税金	
1	单项工程						
1.1	单位工程						
1.1.1	专业工程						
	合 计						

图 8-2-4 工程项目报价文件示例（投标报价费用表）

单位工程招标控制价费用表

单位工程名称：景观绿化工程		标段：		第 1 页 共 1 页
序号	费用名称	计算公式	金额（元）	备注
1	分部分项工程费	Σ（分部分项工程数量×综合单价）		
1.1	其中 人工费+机械费	Σ分部分项（人工费+机械费）		
2	措施项目费			
2.1	施工技术措施项目	Σ（技术措施工程数量×综合单价）		
2.1.1	其中 人工费+机械费	Σ技措项目（人工费+机械费）		
2.2	施工组织措施项目	按实际发生项之和进行计算		
2.2.1	其中 安全文明施工基本费			
3	其他项目费			
3.1	暂列金额	3.1.1+3.1.2+3.1.3	100000	
3.1.1	标化工地增加费	按竞争性磋商文件规定额度列计		
3.1.2	优质工程增加费	按竞争性磋商文件规定额度列计		
3.1.3	其他暂列金额	按竞争性磋商文件规定额度列计		
3.2	暂估价	3.2.1+3.2.2+3.2.3		
3.2.1	材料（工程设备）暂估价	按竞争性磋商文件规定额度列计（或计入综合单价）		
3.2.2	专业工程暂估价	按竞争性磋商文件规定额度列计		
3.2.3	专项技术措施暂估价	按竞争性磋商文件规定额度列计		
3.3	计日工	3.3.1+3.3.2+3.3.3		
3.4	施工总承包服务费	3.4.1+3.4.2		
3.4.1	专业发包工程管理费	Σ计算基数×费率		
3.4.2	甲供材料设备管理费	Σ计算基数×费率		
4	规费			
5	增值税			
	招标控制价合计	1+2+3+4+5		

图 8-2-4 工程项目报价文件示例（投标报价费用表）（续）

资料来源：浙江政府采购网（http://zfcg.czt.zj.gov.cn/）

三、投标技术文件编写

投标文件技术部分包括以下几个方面：

（1）施工组织设计。施工组织设计一般包括工程概况及施工部署、分部（分项）工程主要施工方法、工程投入的主要施工机械设备情况、劳动力安排计划、确保工程质量的技术组织措施、确保安全生产及文明施工的技术组织措施、确保工期的技术组织措施等。

（2）项目经理管理班子配备情况。项目经理管理班子配备情况主要包括项目经理管理班子配备情况表、项目经理简历表、项目技术负责人简历表和项目管理班子配备情况辅助说明资料等。

（3）项目拟分包情况。如果投标决策中标后有拟分包情况，应当填写项目拟分包情况，如果没有拟分包情况，应当填写"无"。

（4）企业信誉及实力。企业信誉及实力主要包括企业概况、已建和在建工程、企业获奖以及相应的证明资料。

下面是某投标技术文件目录示例：

① 施工组织设计。

② 项目管理机构。

③ 技术偏离表。

④ 主要材料（设备）品牌选用一览表。

⑤ 主要设备材料相关说明（如有）。

⑥ 磋商文件要求的或供应商认为有必要提供的其他技术资料。

图 8-2-5 所示为某工程施工项目投标技术文件（封面样式）。

图 8-2-5　某工程施工项目投标技术文件（封面样式）

下面是某工程类投标技术文件——施工组织设计示例：

（1）供应商应根据磋商文件和对现场的勘察情况，采用文字并结合图表形式，参考以下要点编制本工程的施工组织设计：

① 施工方案及技术措施。

② 质量保证措施和创优计划。

③ 施工总进度计划及保证措施（包括以横道图或标明关键线路的网络进度计划、保障进度计划需要的主要施工机械设备、劳动力需求计划及保证措施、材料设备进场计划及其他

保证措施等）。

④ 施工安全、文明施工、施工环保措施计划。

⑤ 施工场地治安保卫管理计划。

⑥ 冬季和雨季施工方案。

⑦ 施工现场总平面布置（供应商应递交一份施工总平面图，绘出现场临时设施布置图表并附文字说明，说明临时设施、加工车间、现场办公、设备及仓储、供电、供水、卫生、生活、道路、消防等设施的情况和布置）。

⑧ 项目组织管理机构（宜以框图表示）。

⑨ 承包人自行施工范围内拟分包的非主体和非关键性工作、材料计划和劳动力计划。（如有）

⑩ 成品保护和工程保修工作的管理措施和承诺。

⑪ 任何可能的紧急情况的处理措施、预案以及抵抗风险（包括工程施工过程中可能遇到的各种风险）的措施。

⑫ 对总包管理的认识（如有）以及对专业分包工程的配合、协调、管理、服务方案。（如有）

⑬ 与发包人、监理及设计人的配合。

⑭ 磋商文件规定的其他内容。

（2）施工组织设计除采用文字表述外可附下列图表，图表及格式要求附后。

附表一　拟投入本磋商项目的主要施工设备表

附表二　拟配备本磋商项目的试验和检测仪器设备表

附表三　劳动力计划表

附表四　计划开、竣工日期和施工进度网络图

附表五　施工总平面图

附表六　临时用地表

资料来源：浙江政府采购网（http：//zfcg. czt. zj. gov. cn/）

拓展学习 ▶▶▶

知识大礼包

一、编制投标文件注意事项

1. "知己知彼，精准投标"

第一时间认真研读招标文件，将不明确或存在疑问的地方整理汇总，并及早按照招标文件规定的时限、方式和程序提交答疑问题，避免因理解偏差导致投标文件相关内容不能对招标文件完全响应。

2. "小心驶得万年船"

检查、检查、再检查，做到：在内容上，对于招标文件中有关要求，工程类项目投标，尤其需要注意报价、工期、质量承诺等实质性要求，应当在投标文件中全部得到体现和响应，确保不丢项、漏项；在形式上，封面、目录、页码、字体、字号、数字、金额大小写、签字、盖章等符合招标文件的格式要求，严格按招标工程量清单填报价格，项目编码、项目

名称、项目特征、计量单位、工程量必须与招标工程量清单一致。

3. "做好门面功夫"

投标文件代表着投标人的形象以及是否用心对待本次投标，因此投标文件除了要"有料"，还要"有颜"：合理编排投标文件目录，尽量使各评审项在目录中得以体现，以便于评委查阅、打分；装订完成后，仔细检查投标文件是否缺页、少页，有无前后颠倒，装订是否牢固；按照招标文件的要求对投标文件进行单独密封或合并密封，加盖印章，正确填写外封套上项目名称、投标人名称、投标日期等信息，而且注意对外封套加以保护，在递交投标文件前避免出现破损或污染。投标文件即使不能"美观大方"，最低限度也要做到"整齐干净"。

二、及时提交投标保证金

不交"诚意金"，后果很严重。未按照招标文件要求提交投标保证金，这属于重大偏差，将被否决投标，没得玩了。提交投标保证金是容易出现问题的环节，要么是漏交（不记得、未看到），要么是错交（交多、交少、交错账户）。

如果招标文件要求提交投标保证金，必须了解清楚投标保证金数额、提交截止时间、对方账户信息等，尤其注意提交投标保证金采用的形式，比如是现金还是保函，还要预留出银行转账延时的时间，以便按时到账。同时，必须招标项目的境内投标人，以现金或者支票形式提交的投标保证金必须从其基本账户转出；办理提交投标保证金后认真核对有关业务凭证，确保金额、项目名称、账户信息等填写正确，按照要求与投标文件一同提交，避免"关键时刻掉链子"。

三、抱团作战——联合体投标

联合体投标=（投标人甲+投标人乙或投标人甲+投标人乙+投标人丙……）临时性合伙，即以一个投标人的身份共同投标。

"不猜谜语"——招标人应当在资格预审公告、招标公告或者投标邀请书中载明是否接受联合体投标。

"提早组队，拒绝变动"——招标人接受联合体投标并进行资格预审的，联合体应当在提交资格预审申请文件前组成。资格预审后联合体增减、更换成员的，其投标无效。

联合后禁止"单飞"或者"脚踏两条船"——联合体各方在同一招标项目中以自己的名义单独投标或者参加其他联合体投标的，相关投标均无效。

"就低不就高"——由同一专业的单位组成的联合体，按照资质等级较低的单位确定资质等级。

"亲兄弟，明算账"——联合体各方应当签订共同投标协议，明确约定各方拟承担的工作和责任，并将共同投标协议连同投标文件一并提交给招标人。

"一损俱损，一荣俱荣"——联合体中标的，联合体各方应当共同与招标人签订合同，就中标项目向招标人承担连带责任。

四、编制电子投标文件

如果是电子招标投标项目，编制投标文件有特殊要求：

投标人须在资格预审公告、招标公告或者投标邀请书载明的电子招标投标交易平台注册登记，如实递交有关信息，并经电子招标投标交易平台运营机构验证，而且需要提前办理CA证书（其实就是投标人在电子招标投标活动中的线上版身份证，只不过另外多了电子签名、加密解密等功能；请注意，招标人和招标代理机构也需要办理)。

投标人必须按照招标文件和电子招标投标交易平台的要求编制（编制的内容也是分资格文件、报价文件和技术文件）并加密投标文件。

任务实训 ///

编制一份投标文件

【活动目标】

掌握编制投标文件的思路、需要准备的材料，注重细节和规范。

【背景材料】

2023 年 11 月 8 日，象山县教育局教科研中心学校数字教育应用试点项目进行公开招标，将于 2023 年 11 月 20 日 14：00（北京时间）开标。公告表示，此次招标合同履行期限为合同签订后 45 天达到上线要求，运行正常后进行验收。最高预算达 140 万元。另据，此次招标项目不接受联合体投标，且落实政府采购政策需满足的资格要求：专门面向中小企业。

《象山县教育局教科研中心学校数字教育应用试点项目》根据《浙江省教育厅办公室关于公布数字教育试点单位名称的通知》（浙教办函〔2023〕65 号）和《关于开展 2022 年宁波市中小学"智慧校园标杆校"工作的通知》文件精神，加快推进全省教育数字化改革，充分发挥新技术在教育系统性变革中的内生变量作用，推动建成高质量数字教育公共服务体系。

整体应用系统建设框架，结合学校落地场景，数字化赋能学校日常教育教学：学生综合评价、学生日常管理、教师发展服务、行政后勤服务、教务日常管理、决策管理看板。利用数字化管理手段，学校日常管理更加标准化、模块化、体系化。数字赋能学校日常管理，实现教育"感知化"、管理"高效化"、评价"人性化"、教学"精准化"。

资料来源：浙江政府采购网（http：//zfcg.czt.zj.gov.cn/）

结合以上项目招标要求，模拟一个潜在投标人，编制一份招标文件，重点放在内容与格式上面。

【训练要求】

（1）先熟悉项目，再针对性地收集相关信息、文件、资料，然后展开编制工作。

（2）编制过程中要注意细节，特别是内容与格式。

实操案例 ///

参 考 文 献

[1] 刘江玲. 6 天，小白变行家：手把手教你工程招投标 [M]. 广州：华南理工大学出版社，2023.

[2] 赵国先，李绥. 招标投标评标实务 [M]. 上海：上海交通大学出版社，2013.

[3] 孙学礼，吕颖. 工程招投标与合同管理 [M]. 北京：高等教育出版社，2017.

[4] 杨杰. 从专利创造性角度看发明专利申请文件撰写的误区和注意事项 [J]. 中国发明与专利，2014，10：106-109.

[5] 牛力，何麟. 从专利保护角度看专利申请文件的撰写 [J]. 青年与社会：下，2014，09：118.

[6] 任立晨. 专利申请文件高效撰写研究 [J]. 商业 2.0（经济管理），2021，01：292.

[7] 林宏津. 从一件专利文件反思专利申请文件的撰写 [J]. 科技与创新，2018，13：31.

[8] 张增果. 浅析一份优秀的权利要求书的撰写方法 [J]. 科技与创新，2019，11：34.

[9] 孙广辉，林胜男. 基于专利成果引导的创新创业教育实践模式探索 [J]. 黑龙江教育（理论与实践），2021，07：52-53.

[10] 张武军. 大学生创新创业中的知识产权问题研究 [J]. 科技进步与对策，2014，23：175-177.

[11] 郭帅. 高价值专利的撰写分析——以实用新型专利为例 [J]. 河南科技，2021，14：153-155.

[12] 肖滢. 基于科技成果转化的高职院校大学生创新创业平台构建的探索 [J]. 大众科技，2021，09：170-172.

[13] 李华，廖晓文，贾悟凡，等. 新媒体写作与传播：文案写作 图文编辑 内容传播 [M]. 北京：人民邮电出版社，2019.

[14] 安佳. 互联网文案写作：软文营销 内容营销 创意文案 [M]. 北京：人民邮电出版社，2018.

[15] 任立民. 商业宣传片私作品：文案、创意、策划. [M]. 武汉：华中科技大学出版社，2015.

[16] 胡华成. 商业计划书——从 0 开始高效融资 [M]. 北京：化学工业出版社，2020.

[17] [英] 沃恩·埃文斯. 商业计划书撰写指南第 2 版 [M]. 北京：清华大学出版社，2021.

[18] Sakr, Rouba. How to Write a Successful Business PLAN [M]. Ba Khoa Nguyen, 2019.

[19] 闫欣. 创新创业教育入门与实战（第 2 版）[M]. 北京：清华大学出版社，2024.

［20］王日华，陈 武，黄喆诚. 创新创业训练实践教程［M］. 北京：中国水利水电出版社，
　　　2022.

［21］［瑞士］亚历山大·奥斯特瓦德. 商业模式新生代［M］. 北京：机械工业出版社，2016.

［22］［美］Raphael Amit，［西班牙］Christoph Zott. 商业模式创新指南［M］. 陈劲，杨洋，
　　　译. 北京：电子工业出版社，2022.

［23］胡华成，丁磊. 商业计划书编写实战（第 2 版）［M］. 北京：清华大学出版社，2020.

［24］卡尔·J. 施拉姆. 烧掉你的商业计划书［M］. 杭州：浙江大学出版社，2018.

［25］杨烺. 从创业到上市——企业上市操作实务与全流程解析［M］. 北京：人民邮电出版
　　　社，2021.

［26］刘丽华. 市场分析与预测［M］. 西安：西安交通大学出版社，2024.